NOUVEL ART

DE

TIRER LES CARTES

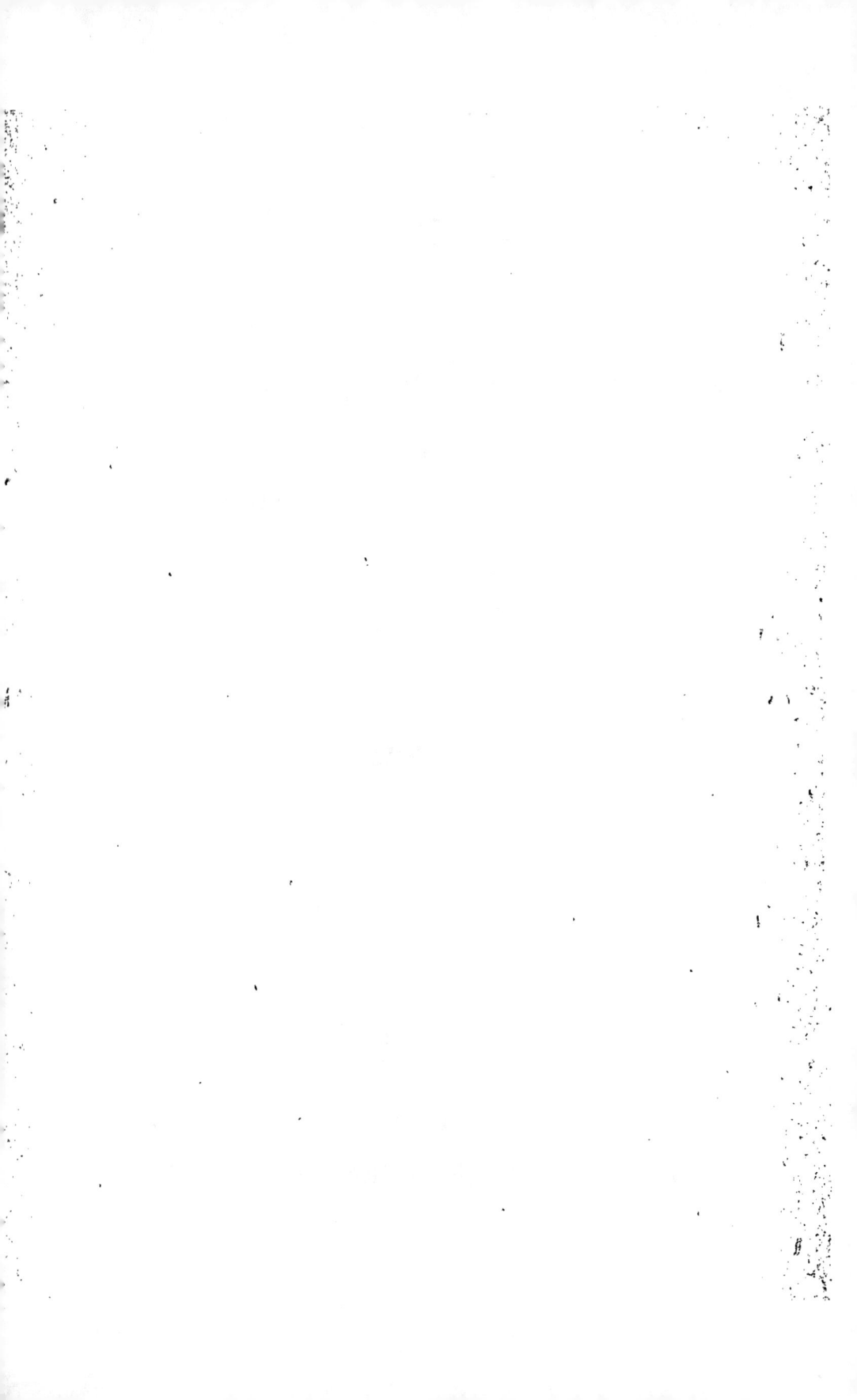

NOUVEL ART

DE

TIRER LES CARTES

OU

LA CONNAISSANCE DE L'AVENIR

PRÉDITE PAR LES CARTES

PRÉCÉDÉ D'UNE NOTICE HISTORIQUE
SUR LES CARTES ET SUIVI DE LA MANIÈRE DE FAIRE LES RÉUSSITES
ET D'UN TRAITÉ DE CHIROMANCIE

PAR

Armand BOURGADE

AUTEUR DE PLUSIEURS OUVRAGES SUR LES SCIENCES OCCULTES

Quod scripsi, scripsi

———

Illustré de nombreuses gravures

———

PARIS

PAUL BERNARDIN, LIBRAIRE-ÉDITEUR

53, QUAI DES GRANDS-AUGUSTINS, 53

———

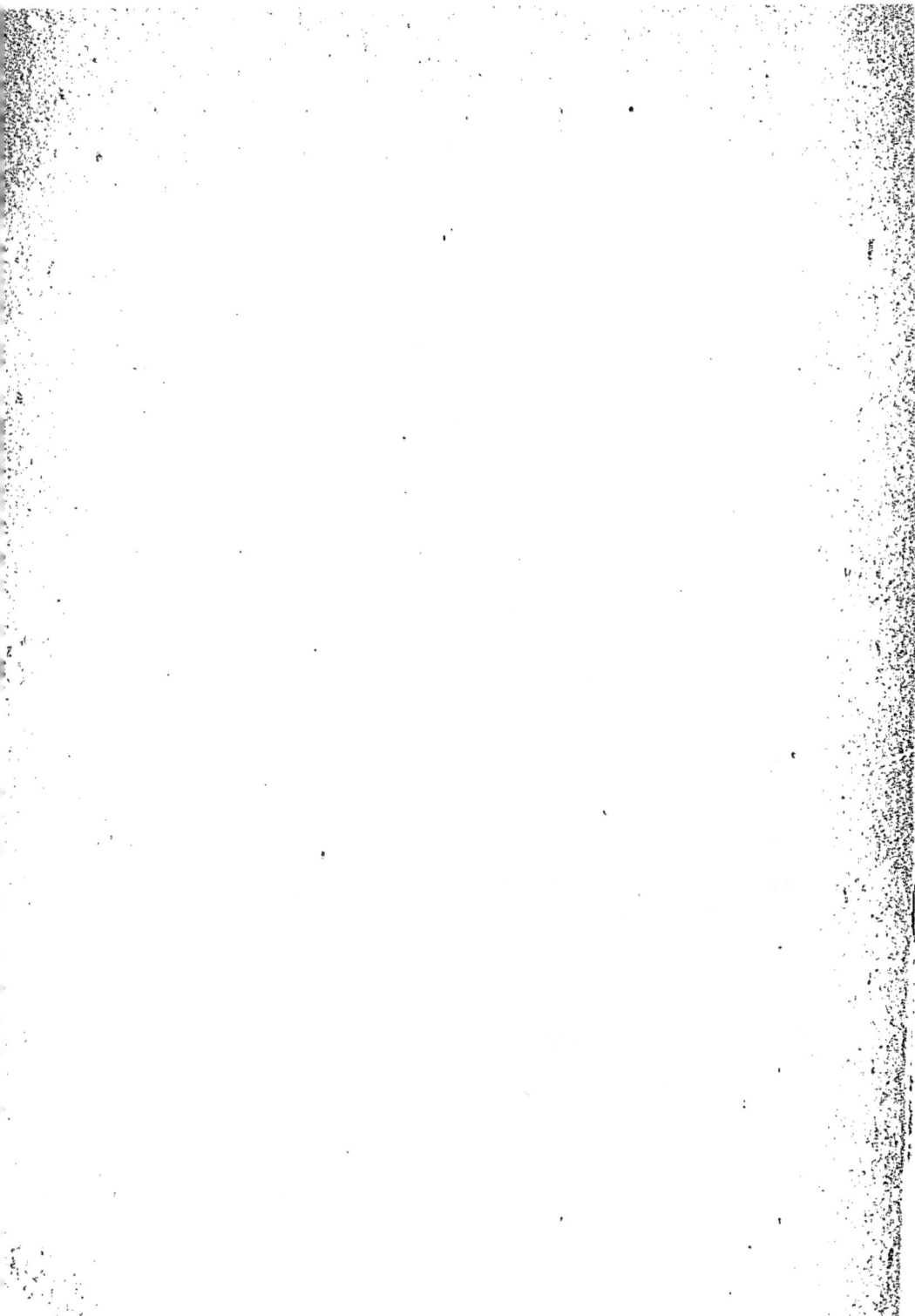

NOUVEL ART

DE

TIRER LES CARTES

PREMIÈRE PARTIE

I

HISTOIRE DES CARTES.

Il est utile, indispensable, que l'on connaisse
l'histoire des cartes, avant de s'en servir pour
interroger l'avenir.

Puisqu'elles ont cette puissance divinatrice en
se servant d'elles, selon les règles des anciens, il
est bon que le consultant sache ce qu'il tient
dans ses mains.

Un assez grand nombre d'auteurs ont répandu
des flots d'encre pour rechercher l'origine des

cartes. Une grande confusion d'époques a régné longtemps et dure encore dans leurs divers écrits, plus ou moins bons.

Avant de préciser une chose aussi sérieuse que cette importante question, un auteur doit chercher, puiser, fouiller, non pas dans les livres de ses prédécesseurs, mais à la véritable source des sciences occultes : les manuscrits des xiii° et xiv° siècles.

C'est ce que nous avons fait. Aussi est-ce avec assurance et fermeté que nous allons écrire ces pages qui seront très certainement attrayantes, non seulement pour les véritables croyants ; mais encore pour les incrédules qui, sans attacher d'importance aux règles de la cartomancie, s'intéresseront à l'histoire et aux combinaisons variées des cartes.

Les cartes à jouer, on le sait, ont été *faites* sous le règne de Charles VI ; remarquez que nous disons *faites*, et non pas *inventées*.

Le règne de Charles VI, commença en 1380 ; ce ne fut qu'en 1422 qu'il perdit la raison ; et les premières *cartes à jouer* ont été *peintes pour l'esbattement du Roy Charles VI, le Bien-Aimé*, par le miniaturiste Jacquemin Gringonneur en 1390, 1392 et 1393.

De cette création antérieure à la folie du roi, à dire que *des* cartes n'ont pas été faites pour le distraire, il y a loin. Les cartes à jouer actuelles, modifiées seulement dans le dessin, ont bien celles qui ont été *inventées spéciale-ment* pour distraire le monarque fou, en 1422.

ROI DE CARREAU DU JEU DIT
DE CHARLES VI (1).

Carte de 1390 (Bibl. nationale.
Départ. des estampes.)

VALET DU JEU DE CARTES
DE CHARLES VI.

Carte de 1442 (Bibl. nationale.
Départ. des estampes.)

Mais celles *peintes pour l'esbattement de Sc Majesté* (1390, 1392 et 1393), par Jacquemin

(1) On ne connaît pas de cartes plus anciennes du règne de Charles VI.

Gringonneur diffèrent beaucoup de ces dernières.

Nous reproduisons ci-dessus les figures des deux cartes du jeu de Charles VI.

L'opinion générale la mieux accréditée dans le public est celle du P. Ménétrier, c'est-à-dire, que l'*origine* des cartes remonte à Charles VI.

Erreur, profonde erreur !

Nous allons vous en convaincre.

II

LE LIVRE DE THOT. — ETTEILLA.

Le livre de Thot ou *Tout*, ou, ce qui est le même, le livre qui traite de Dieu, des hommes et de la nature est écrit ou tracé en soixante-dix-huit figures hiéroglyphiques.

L'homme qui aurait la science de placer ces caractères parlants dans l'ordre où les sages les arrangèrent pourrait dire comme Morien au roi Calid : Qui a tout n'a besoin de rien.

Thot ou Thaut, l'Hermès Trismégiste (1), le Mercure des Égyptiens, institua les hiérogly-phes (2), signes mystérieux, écriture symbolique des anciens Égyptiens (an 3000 avant Jésus-Christ).

Ces signes représentaient tantôt un son ou

(1) Trois fois grand.
(2) *Hieros*, sacré ; *gluphô*, je grave.

bien la chose elle-même. Ce qui fait que cette écriture était à la fois symbolique et phonétique. Gravés et sculptés d'abord dans les temples et sur les monuments publics, ils furent aussi reproduits sur le papyrus, arbrisseau d'Égypte, sur l'écorce duquel furent faits les premiers manuscrits.

C'est un de ces manuscrits écrit par Thot, qui forme les soixante-dix-huit *Tharots* ou Tarots de la vieille Égypte.

Ce livre du destin fut nommé A. Rosh, de la lettre A, doctrine, science, et de Rosh, Mercure, qui, joint à l'article T, signifie : tableau de la doctrine de Mercure.

Mais comme Rosh veut dire aussi *commence-ment*, ce mot *ta-rosh* fut particulièrement con- sacré à sa cosmogonie (1); de même que l'*Ethotia* (2), fut le titre de son astronomie, et peut-être qu'*Athotes*, qu'on a pris pour un roi fils de Thot, n'est que l'enfant de son génie et l'histoire des rois d'Égypte. Ce qui précède est affirmé par l'érudit Court de Gébelin qui a con- sacré sa vie à écrire d'intéressants manuscrits, sur la divination par les cartes des tarots. (*Biblioth. nationale.*)

Les cinquante-six cartes basses des tarots sont représentées par :

(1) Système de la formation de l'Univers.
(2) *Histoire du Temps.*

Quatre *chevaliers* et cinquante-deux cartes de *coupes*, *épées*, *bâtons* et *deniers*; figures remplacées dans les jeux actuels par les *cœurs*, *piques*, *carreaux* et *trèfles*.

La *coupe* représente le prêtre;

L'*épée*, le guerrier;

Le *denier*, le marchand;

Le *bâton*, l'agriculteur.

Les cartes du tarot portent chacune un numéro; il y en a cinquante-six basses et vingt-deux majeures.

La manière de lire dans ces cartes égyptiennes n'est pas seulement due au célèbre Etteilla; bien avant lui, les Bohémiens qui ont fait pénétrer les tarots en Europe, en connaissaient toutes les significations.

Cependant, c'est à Etteilla que nous devons d'avoir retrouvé *une partie* des connaissances bohémiennes; le complément est basé sur ses recherches dans d'anciens manuscrits qu'il a traduits un peu suivant ses vues personnelles.

Qu'était-ce qu'Etteilla?

En 1783, vivait à Paris un perruquier nommé Alliette. Profondément versé dans la cartomancie, qui florissait alors grâce au renom de Cagliostro, le perruquier renversa l'ordre des lettres de son nom; d'*Alliette*, en fit *Etteilla* et écrivit plusieurs ouvrages sur la manière de se récréer avec les jeux de cartes.

Etteilla appliqua sa méthode pour déchiffrer les *tarots de Thot*, dont les hiéroglyphes, vers 1500, avaient été variés par les Italiens, de différentes façons.

Il eut de nombreux disciples et est resté le grand pontife de la cartomancie.

Sa manière de procéder avec un jeu de piquet ordinaire est simple et savamment comprise.

III

LES OUVRAGES DE Mlle LE NORMAND.

Contrairement à Etteilla, Mlle Le Normand, ne s'appuie dans ses œuvres sur aucun document ancien. Elle a *créé* des pratiques secrètes fort intéressantes.

Le seul tort que nous lui trouvons, c'est d'avoir *inventé* un jeu de tarots tout à fait *fictif*, quoique très intelligemment composé.

Mieux eût valu imiter Etteilla, qui a respecté le vieux tarot égyptien, le *seul* ayant une réelle valeur.

Mais non! Mlle Le Normand, non satisfaite de sa très juste renommée a jugé à propos de faire *un tarot nouveau, le sien*, avec figures nouvelles, le tout confus, fictif. Il lui manquait un fleuron à sa couronne, elle a cru le trouver ainsi, elle s'est grandement trompée.

Lorsque l'on est l'apôtre d'une science, quelle qu'elle soit, on doit en respecter la *base* fondamentale et non *créer* une fiction nouvelle.

Le tarot de Mlle Le Normand est mytholol logique, comporte cinquante-quatre cartes et forme, il est vrai, un ensemble agréable à la vue.

Reconnaissons la franchise de Mlle Le Normand, qui dit ceci : « *Mon tarot distraira les oisifs et les incrédules.* »

Donc, aimable lectrice, si vous désirez consulter l'oracle pour vous *divertir* agréablement, faites usage des tarots de Mlle Le Normand ; si, au contraire, vous êtes *croyante*, comme je le suis moi-même, prenez le vieux tarot égyptien, suivez la méthode d'Alliette, le grand Etteilla.

Pour les cartes ordinaires, Mlle Le Normand en donne la valeur isolée et sa méthode est à la fois remarquable et curieuse. Nous en reparlerons.

IV

LES CARTES A JOUER.

Les cinquante-deux cartes à jouer sont les cinquante-deux reproductions de cinquante-deux cartes basses du tarot égyptien. Par conséquent, avec nos cartes modernes nous pouvons, tout aussi bien qu'avec les cartes basses du tarot, connaître l'avenir.

Cependant les cartomanciens, pour composer leur *Petit Jeu*, ne se servent que de trente-deux cartes; les vingt autres, dont les points sont de 2 à 6, se combinant de *préférence* avec les vingt-six cartes majeures du tarot.

Il y a donc seulement deux systèmes pour consulter les cartes :

1° Le *Grand Jeu* des soixante-dix-huit tarots;

2° Le *Petit Jeu* de trente-deux cartes.

Très peu de personnes possédant des tarots, nous allons seulement traiter dans cet ouvrage le *Nouvel Art de tirer les cartes, au moyen du Petit Jeu*, dénommé vulgairement Jeu de piquet.

Nous indiquerons, outre la manière généralement connue, celle d'Etteilla et de Mlle Le Normand; et nous compléterons cet utile ouvrage en donnant plusieurs leçons variées et enfin des *Réussites.*

Les documents qui nous servent de base principale ont été pris, comme nous l'avons déjà fait remarquer, non dans des livres antérieurs à celui-ci, mais dans les manuscrits des xiii° et xiv° siècles.

Nous osons affirmer que, contrairement aux bouquins sans notoriété qui pullulent, notre ouvrage est le plus complet, le plus sérieux et le plus consciencieux qui ait été fait jusqu'à ce jour sur *l'Art de tirer les cartes.*

1.

Quitte à passer pour être peu modeste, nous osons encore ajouter qu'il est aussi le plus clair, car non content *d'indiquer* les différentes façons d'opérer, nous *décomposons* pour ainsi dire *chaque mouvement* nécessité, en donnant les figures que produisent les phases diverses de l'opération générale que doit faire le consultant.

V

DES DIFFÉRENTES CARTES ANCIENNES.

Nous croyons être agréable à nos lecteurs en leur donnant la reproduction exacte des cartes et tarots les plus intéressants.

Le tarot égyptien, avec hiéroglyphes, ne nous est pas parvenu. Il a été dénaturé non dans *son sens prophétique*, mais dans son image. Les coupes, épées, bâtons et deniers, même dans les tarots les plus anciens, ne reproduisent pas les figures exactes. Mais peu importe que, par exemple, la coupe soit plus ou moins évasée, l'épée plus ou moins longue, le bâton plus ou moins court et le denier plus ou moins rond; c'est toujours le tarot de Thot.

Les tarots ont successivement passé de l'Égypte aux Indes, puis en Chine. Ils ont été apportés en Europe par les Bohémiens vers la fin du xiii° siècle.

Comme nous venons de le dire, ces cartes symboliques et mystérieuses ne nous sont pas toutes *exactement* parvenues.

Elles ont tout d'abord paru en Espagne dès 1332; en France, en 1361; en Allemagne, en 1380.

C'est vers 1500 qu'apparurent une grande variété de tarots italiens. Dans tous, comme dans celui d'Égypte, les *Arcanes* (1) *majeurs* étaient : Le Bateleur, le Despote africain, la roue de Fortune, la Justice, le Penduçt (pendu); etc., etc.

La Bibliothèque nationale possède une fort rare collection de cartes et tarots ; celle de Rouen en a de plus curieux encore, la collection que M. Leber lui a donnée, étant enrichie des annotations de ce savant.

M. Leber cite ainsi les principaux tarots et jeux de cartes :

Tarots bohémiens du xvii° siècle;

Cartes allemandes aux feuilles, glands, grenades et roses ; représentant les points.

Tarots italiens, coupes, épées, bâtons et deniers.

Ce jeu est exactement conforme à celui que décrit Court de Gébelin.

Cartes-proverbes allemandes;

(1) *Arcanus*, secret, mystère ; ce qu'il y a de plus difficile à pénétrer dans les sciences occultes.

Tarots catalans de Barcelone;
Tarots français de la Bibliothèque nationale,
Jeu de J. Jerger, Besançon;

VARLET D'ESPÉE.
Carte française de 1500
(Bibl. nationale).

REINE DE CŒUR.
Carte à jouer française
(xviᵉ siècle) (1).

Même jeu, par Jean Noblet, Paris;

(1) Cette carte à jouer française est l'une des plus anciennes qui nous restent; le jeu complet est introu-
vable. Les reproductions que nous donnons sont scru-
puleusement exactes; elles émanent des bibliothèques de
Paris et de Rouen.

Jacques Vievil, Paris;

Le tarot français le plus rare est celui
de 1500.

La Bibliothèque nationale indique cette date
suivie d'un point d'interrogation; c'est dire
qu'elle ne peut être exactement précisée.

VI

LES DIFFÉRENTS MANUELS DE CARTOMANCIE.

Les auteurs de ces affreux manuels de Cartomancie, mal rédigés, confus, stupides, qui,
malheureusement existent en assez grand nombre, ont eu, dans leurs avant-propos la prudence
de dire *qu'eux-mêmes ne croient pas à ce qu'ils
vont enseigner!*
Voici quelques extraits :
« Tout le monde sait aujourd'hui qu'il n'est
« donné à qui que ce soit de prédire l'avenir sous
« telle ou telle forme; cependant il y a encore
« quelques personnes qui font de la cartoman-
« cie une récréation pure et simple : c'est à
« ces dernières que notre petit livre s'adresse. »
Erreur! — On ne fait pas de la cartomancie
un divertissement; ceux qui s'y adonnent sont
des croyants; ceux qui la pratiquent *sous le
masque du divertissement,* n'ont pas la franchise

d'avouer qu'ils y croient : ils ont la fausse honte de leurs convictions et n'ont pas le cou-/ rage de leurs opinions.

Autre extrait :

« La cartomancie est une récréation; les « anciens y avaient foi, mais leur superstition « en était la seule cause; les peuples modernes « sont tombés dans les mêmes erreurs. »

Cet auteur, qui ne croit pas ce qu'il va enseigner, n'a pas eu le courage de signer son livre qui, du reste, n'a qu'une seule qualité, sa jolie impression; quant à sa valeur, elle est complètement nulle.

Il est très regrettable que le public tombe sur de semblables inepties; car, après les avoir lues avec confiance, il croit savoir la véritable ma- nière de tirer les cartes, alors qu'il est resté dans le chaos le plus profond sur cette science si intéressante à connaître.

DEUXIÈME PARTIE

MÉTHODE

DES

CARTOMANCIENS LES PLUS CÉLÈBRES

POUR TIRER LES CARTES

AVEC UN JEU DE PIQUET

Avant tout, lorsque l'on veut connaître l'art de tirer les cartes, on doit d'abord savoir la valeur de chacune d'elles.

Lorsque vous connaîtrez parfaitement cette base fondamentale, il vous sera aussi facile de lire dans vos cartes tirées, que dans un livre.

Si, déjà, vous avez eu en mains d'autres manuels, vous avez dû remarquer que, à part quelques significations *un peu* mauvaises, vous n'y avez jamais rencontré des choses bien

effrayantes. Les auteurs de ces livres ont seulement voulu vous donner *le vernis* qui sait plaire,
mais se sont bien gardés de vous indiquer tout
ce qui pourrait vous porter trop d'ombrage,
c'est-à-dire les prédictions absolument mauvaises, pour ne pas dire épouvantables. Nous, nous
ne cherchons pas à faire un ouvrage uniquo-
ment pour plaire. Quitte à être désagréable parfois en démontrant la valeur des cartes funestes,
nous n'avons qu'un seul but : éclairer le consultant en lui montrant le *bon*, tout comme le
mauvais dans son passé, son présent et son
avenir.

Nous ne chercherons même pas à atténuer,
par les adresses du style, les prédictions les plus
tristes. Ici, rien de fictif; nous avons des documents précieux ; nous en serons l'impeccable
historien, voilà tout.

Il sera très facile au lecteur, même dès le
premier jour qu'il lira ce livre, de se tirer *immédiatement* les cartes.

Après avoir suivi la manière que nous indiquerons pour *lire* le jeu amené, il n'aura qu'à se
reporter à chacune des figures des trente-deux
cartes qui, d'abord, isolément parleront; puis,
voyant ensuite les cartes entourant cette première, connaîtront de suite la triple signification
de cette même carte; ces indications étant don-
nées sous chaque figure.

Nous allons donner d'abord séparément la valeur de chaque carte, qui se compose de :

1° Sa valeur individuelle;

2° Sa valeur dans l'ensemble du jeu, *étant placée auprès* d'autres cartes;

3° Sa valeur exceptionnelle, lorsqu'elle est *entourée* à droite, comme à gauche, par *certaines cartes exceptionnelles.*

Les termes *à droite*, *à gauche*, indiquent que *la carte à la droite de celle que l'on explique*, se trouve à la droite du consultant ; et celle *à gauche*, à *la gauche* du consultant.

Enfin, notons *comme très important* que, pour les personnes âgées et les gens mariés, on devra toujours remplacer la signification amant, amoureux, prétendu, par *ami sincère.*

Nous n'indiquerons comme cartes *renversées* que les as de pique, cœur et trèfle, qui ont des significations particulières.

Quant aux autres cartes, leur signification générale renversée est, pour un oracle fantaisiste, le contraire de ce qui est expliqué dans la carte droite.

On ne tire plus les cartes du jeu de piquet *renversées*; c'est vieux jeu sans nulle valeur; ce sont les cartomanciens fantaisistes qui ont *imité* cette règle d'après le tarot. Cependant, si le consultant préfère faire le jeu renversé et droit, il marquera son jeu de cartes pour désigner le

haut et le bas. Mais, nous le répétons, c'est
tout à fait inutile pour un jeu sérieux. La carte
renversée n'a de valeur que dans le Grand Jeu
des tarots égyptiens.

VALEUR DES CARTES

ISOLÉES ET ACCOMPAGNÉES

L'AS DE CARREAU

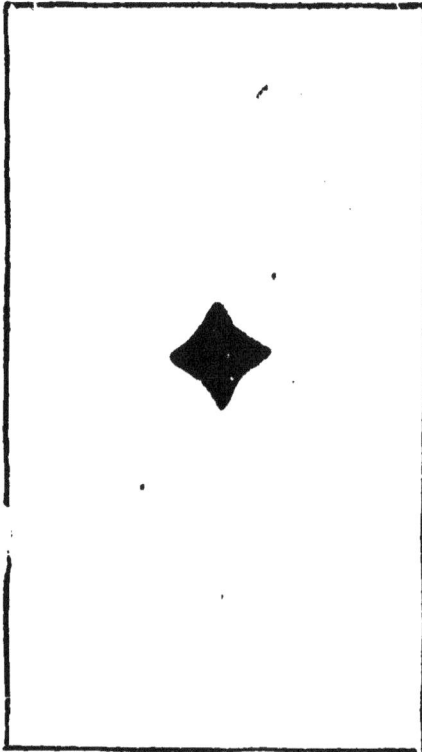

L'As de carreau annonce une lettre que l'on recevra bientôt.

Ayant à *droite* un

Pique : Mauvaise nouvelle.
Cœur : Joie et lettre d'un ami.
Carreau : Papiers d'affaires.
Trèfle : Rentrée d'argent attendu.

Ayant à *gauche* un

Pique : Réception d'une lettre de faire
part (la nouvelle de la mort de la personne ne vous causera ni joie, ni peine,
cette personne vous étant seulement
connue, mais indifférente).
Cœur : Lettre d'amour.
Carreau : Intrigues, médisances, lettre
anonyme sur votre compte.
Trèfle : Rentrée d'argent sur laquelle on
ne comptait plus.

EXCEPTIONS.

L'As de carreau auprès du *Roi de pique*, qu'il
soit à droite ou à gauche, annonce un mauvais
papier venant d'un homme de loi, soit pour poursuites à l'effet de rentrées d'argent, soit pour
procès prochain.

S'il touche le *Neuf de pique*, nouvelle d'un
décès dans la famille.

S'il se trouve entre *deux cartes de même valeur*,
retard pour tout ce que l'on attend.

LE ROI DE CARREAU

Le **Roi de carreau** symbolise quelquefois un militaire. Pour une jeune fille ou une veuve, cette carte isolée, signifie : proposition de mariage d'un militaire.

Il représente aussi un homme blond, emporté, hautain, redoutable, fourbe; en un mot, un mauvais homme.

C'est une des cartes ayant le plus de significations suivant qu'elle est entourée.

Aussi le nombre de ses *exceptions*, c'est-à-dire des cartes *spéciales* qui lui donnent un sens différent, est-il assez varié, comme vous le verrez ci-dessous.

Cette carte annonce, ayant à *droite* un

Pique : Homme insolent, querelleur, dont il faudra vous méfier.

Cœur : Prétendant qu'il faut évincer. Si le consultant est marié : nouvelle connaissance à ne pas fréquenter.

Carreau : Flatteur dont on a tout à redouter.

Trèfle : Cherchera à vous voler.

Ayant à *gauche* un

Pique : Obstacle dans vos projets par un homme blond.

Cœur : Prétendant sérieux. Si le consultant est âgé ou marié : homme aimant et honnête.

Carreau : Querelle.

Trèfle : Proposition avantageuse par un homme blond.

EXCEPTIONS.

Le Roi de carreau placé entre deux figures, quelles qu'elles soient, signifie : Désunion, brouille.

Auprès du *Valet de carreau* : Nouvelles d'un jeune militaire.

Entre *deux piques* : Rivalité.

Auprès de la Dame de cœur : Amour d'un militaire. Pour les personnes mariées ou âgées : Connaissance prochaine d'un honnête homme, militaire.

Ayant à *droite un as*, la carte à sa gauche est nulle et cet as annonce, quelle que soit sa couleur : voyage prochain à la campagne au sujet d'un militaire.

Le Roi de carreau, entre deux *carreaux*, annonce la visite d'un homme de la campagne.

LA DAME DE CARREAU

Femme hautaine, jalouse, méchante et de mœurs légères, la **Dame de carreau** représente, isolée, votre ennemie.

Cependant, suivie de certaines cartes, sa signification est d'un excellent augure. Consultez les *exceptions* à cet égard.

Cette carte ayant à *droite* un

> **Pique :** Mauvaises intentions d'une méchante blonde.
>
> **Cœur :** Heureux mariage sous tous les rapports. Satisfaction, dans votre intérieur
>
> **Carreau :** Pas de signification ; carte nulle.
>
> **Trèfle :** Cancans, bavardages.

Ayant à *gauche* un

> **Pique :** Femme médisante et de mauvaises mœurs dont vous devez craindre les mauvais propos.
>
> **Cœur :** Prétendue ou amie sincère.
>
> **Carreau :** Calomnie qui ne vous produira aucun mal ni ennuis.
>
> **Trèfle :** Femme jalouse, acariâtre et quelque peu voleuse.

EXCEPTIONS.

Entre *deux as* : Votre ennemie viendra vous voir.

Entre *deux cartes* de même valeur : Voyage retardé.

Entre *deux piques* (sept, huit, neuf, dix) : Mort par suite de vengeance, d'un être qui vous est cher.

Auprès du *Huit de cœur* : Amourette, jeune fille trompée. L'autre carte de droite ou de gauche est nulle, le *Huit de cœur* touchant la *Dame de carreau*.

Auprès de la *Dame de pique* : Veuvage, pleurs, douleurs.

Auprès du *Valet de trèfle* : Mariage avantageux ou amie sincère.

LE VALET DE CARREAU

Isolé, le **Valet de carreau** représente le fac-
teur ou, pour mieux dire, le *messager*. Il symbolise
aussi un jeune militaire ou un serviteur infidèle ;
quelquefois un jeune homme blond, traître et
de mauvaises mœurs.

Si le consultant est un jeune homme, c'est l'annonce de nouvelles amoureuses.

Si c'est une jeune fille ou une veuve, c'est la certitude que, sous peu, un prétendant se fera connaître; il sera blond et joli garçou.

Si, au contraire, le consultant est marié, il apprendra prochainement un mariage; mais cette carte, entourée, a de nombreuses et variées significations.

Le **Valet de carreau** ayant à droite un

Pique : Traîtrise, infidélité.

Cœur : Certitude de mariage et nouvelle de naissance.

Carreau : Jeune militaire de mauvaise conduite.

Trèfle : Vous fera un emprunt.

Ayant à *gauche* un

Pique : Homme brun dont vous avez tout à redouter.

Cœur : Amourette. Lettre prochainement.

Carreau : Carte nulle.

Trèfle : Argent que l'on perdra. Vol.

EXCEPTIONS.

Le **Valet de carreau**, auprès du

Roi de carreau : Nouvelles d'un jeune militaire.

Entre *deux sept* : Nouvelles d'une grossesse.

Touchant le *Dix de carreau* : Voyage lointain. (L'autre *carte* le touchant devient nulle.)

Touchant l'as de trèfle : Nouvelles d'un héritage. (L'autre *carte* le touchant devient nulle.)

Entre *deux figures* : Fourberie, traîtrise, infidélité.

Entre *deux as* : Le Valet de carreau ne dit rien; il est absolument nul.

LE DIX DE CARREAU

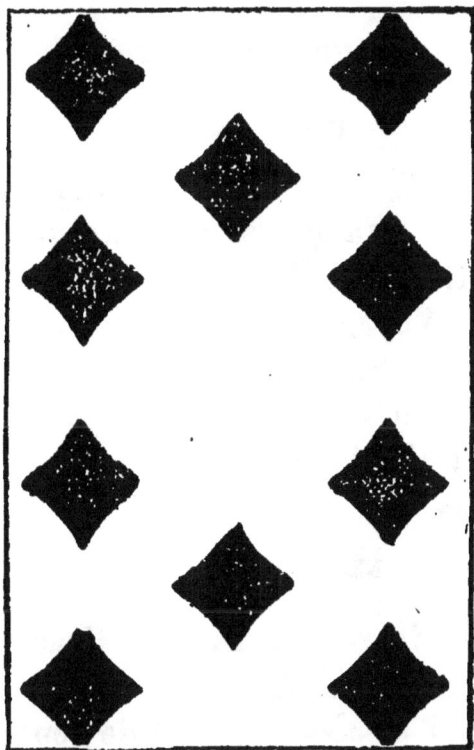

Voyage, changement, déplacement certain.
Cette carte a toujours été considérée comme annonçant au consultant un augure assez heureux.
Elle lui indique qu'il va se produire dans son
existence un fait qui le forcera à s'éloigner pour
plus ou moins longtemps.

Ayant à *droite* un

> Pique : Voyage qui ne sera pas exempt de contrariété.
>
> Cœur : Petite affaire de cœur.
>
> Carreau : Voyage mauvais sous tous les rapports.
>
> Trèfle : Voyage pour affaires d'intérêt.

Ayant à *gauche* un

> Pique : Il se produira un changement qui ne sera guère meilleur que votre position actuelle.
>
> Cœur : Voyage d'un ami.
>
> Carreau : Visite avant une semaine. — Partie de campagne.
>
> Trèfle : Héritage certain.

EXCEPTIONS.

Entre *deux figures de trèfle* : Changement heureux dans sa position.

Près du *Neuf de cœur* : Visite de gens de la campagne. (L'autre *carte* le touchant devient nulle.)

Près du *Neuf de pique* : Voyage pour assister à un enterrement.

LE NEUF DE CARREAU

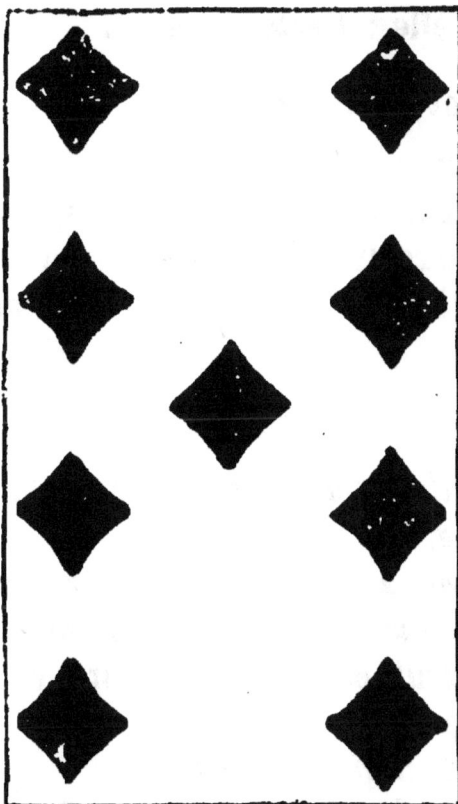

Mauvaise carte.

Contrariété, rupture, nouvelles.

Le Neuf de carreau, isolé, ne dit qu'une seule chose : Retard. Il n'a de réelle valeur, que d'après les cartes qui l'accompagnent.

Ayant à *droite* un

Pique : Nouvelles qui causeront du chagrin.
Cœur : Brouille eu amour.
Carreau :. Petite contrariété.
Trèfle : Perte d'argent.

Ayant à *gauche* un

Pique : Procès perdu.
Cœur : Rupture. — Chagrins d'amour.
Carreau : Contrariété dans son intérieur.
Trèfle : Pertes dans le commerce.

EXCEPTIONS.

Entre *deux cartes* de même valeur : Remise d'une fête.

Entre *deux neuf* : Partie de campagne.

Entre *deux cœurs* : Bonnes nouvelles.

Entre *deux carreaux* : La carte est nulle ; elle ne parle pas.

Entre *deux piques* : Deuil.

Entre le *Neuf de pique* et la *Dame de pique* : Mort ou catastrophe inévitable.

Entre *deux trèfles* : La carte est nulle ; elle ne parle pas.

LE HUIT DE CARREAU

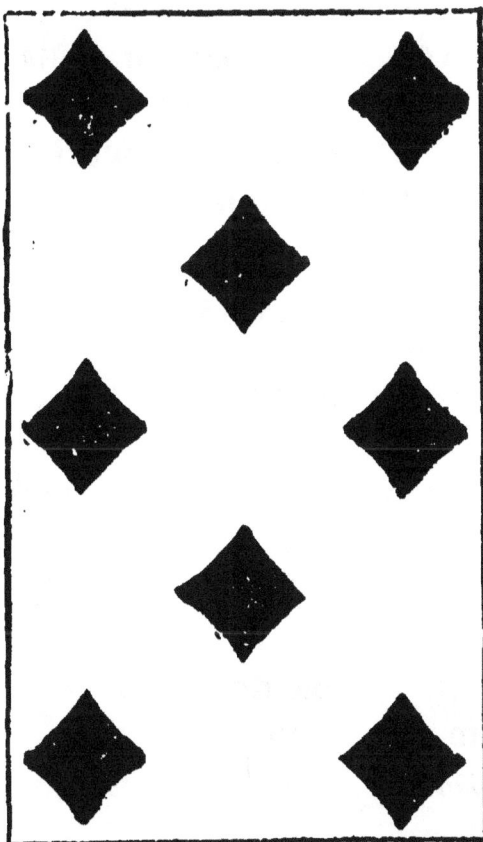

Mauvais propos, démarches, voyage.

Le Huit de carreau ayant à *droite* un

Pique : Voyage lointain sans nul profit.
Cœur : Voyage plein d'agrément.

Carreau : Démarches sans succès.

Trèfle : Pertes d'argent.

Ayant à *gauche* un

Pique : Médisance d'un ami.

Cœur : Voyage de noces ou déplacement dans la ville pour assister à une noce.

Carreau : Démarche sans succès.

Trèfle : Argent retrouvé.

EXCEPTIONS.

Entre *deux cartes* de même valeur : Voyage remis.

Entre *deux cœurs* : Démarches pour le rapprochement de deux époux.

Entre *deux trèfles* : Voyage pour très petit héritage.

Entre *deux piques* ou deux *cartes basses* de carreaux : Démarches sans succès.

Entre la *Dame de trèfle* et le *Roi de pique* : Désunion.

Entre *deux figures de carreau* : La carte est nulle ; elle ne parle pas.

LE SEPT DE CARREAU

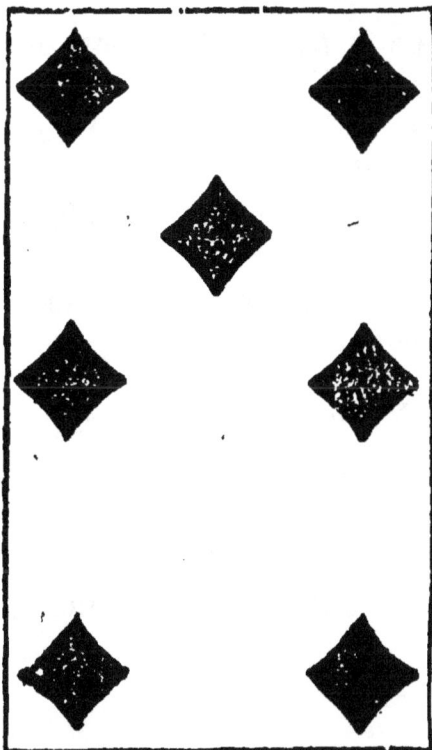

Ce Sept indique la moquerie, la contrariété et surtout la colère.

Il change de signification suivant son entourage.

Quelques cartomanciens modernes lui attribuent l'annonce d'une grossesse; c'est une profonde erreur.

Quoique la carte soit rouge, ce qui devrait indiquer une blonde ; elle désigne une fille brune, jalouse et fourbe.

Ayant à *droite* un

Pique : Avant peu vous prendrez une colère violente.

Cœur : Fille de joie dont vous avez tout à craindre.

Carreau : Connaissance d'une mauvaise femme.

Trèfle : Une jeune brune en veut à votre fortune.

Ayant à *gauche* un

Pique : Colère au sujet d'une femme.

Cœur : Bonheur en ménage.

Carreau : Cancans, contrariétés.

Trèfle : Colère au sujet d'un homme brun.

EXCEPTIONS.

Entre un *Sept rouge* et un *Sept noir* : Vous serez tourné en ridicule par vos meilleurs amis.

Entre *deux cartes* de même valeur : Colère qui ne durera pas.

Entre *deux carreaux* : Le **sept de carreau** est nul ; il ne parle pas.

L'AS DE PIQUE

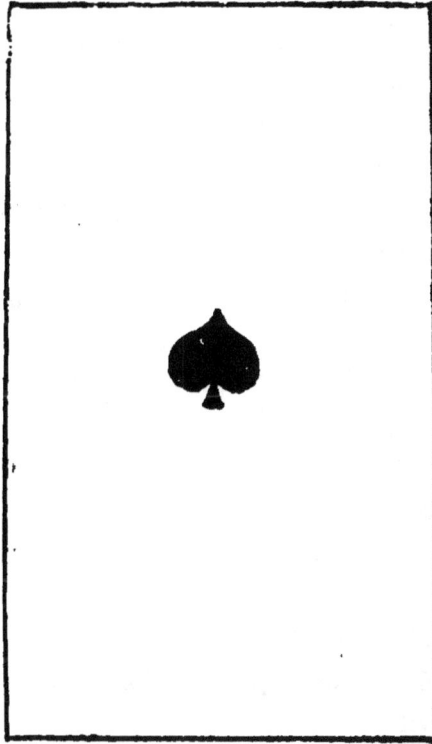

L'**As de pique**, ainsi que l'**As de trèfle** est une des cartes tout à fait favorable. Il signifie avant toute chose : *Papier d'affaires*. Il annonce aussi le plaisir, le succès auprès de la jeune fille ou de la femme aimée ; l'amourette, le mariage, l'avenir heureux.

Lorsqu'il est retourné, c'est-à-dire lorsque la pointe est en bas, il assure une proposition d'amour; mais par contre, suivant son entourage, il devient d'un assez mauvais augure : la chance ne durera pas, la tristesse succédera à la joie, la femme aimée vous délaissera, l'homme trompera sa maîtresse ou son épouse, la discorde régnera dans le ménage.

Malgré ces mauvais pronostics, cette carte est tellement bonne que tout ce qu'elle annonce de mauvais ne sera que passager, et la douleur se tournera en joie par d'autres circonstances imprévues, qui changeront la face des choses.

Ayant à *droite* un

Pique : Sous peu, bon papier d'affaires.

Cœur : Succès en amour. — Amitié sincère.

Carreau : Déplacement très avantageux.

Trèfle : Plaisirs. — Amitié. — Grand profit.

Ayant à *gauche* un

Pique : Papier d'affaires. — Procès gagné.

Cœur : Succès certain en amour. — Honneurs, profits.

Carreau : Violente passion. — Succès certain en toutes choses.

Trèfle : Abondance dans le ménage.

L'As de pique *retourné*, ayant à *droite* un

Pique : Tristesse, suivie d'une joie inat-
tendue.

Cœur : Proposition d'amour. — Peines.

Carreau : Mauvaises nouvelles.

Trèfle : Petite perte.

Ayant à *gauche* un

Pique : Procès perdu; vous le gagnerez
en appel.

Cœur : Profonde douleur qu'un autre
amour vous fera oublier.

Carreau : Tromperie. — Passion coupa-
ble. — Discorde.

Trèfle : Argent difficile à recouvrer mais
non perdu.

EXCEPTIONS.

Si l'As de pique est entre *deux As*, c'est une
certitude de succès complet pour tout ce que
vous désirez;

Retourné, il a la même signification, cependant
avec un retard assez long.

LE ROI DE PIQUE

Homme de loi, prêtre, veuf, homme de mauvaise foi, envieux qui cherche à nuire, méchant homme brun ; voilà le **Roi de pique.**

Pris isolément, ce Roi annonce :

A un homme marié : Chicane, huissiers, procès.

A une femme mariée : Brouille passagère dans
le ménage.

A un célibataire : Rivalité.

A une jeune fille : Amant infidèle.

A une veuve : Mariage prochain avec un veuf.

A un veuf : Procès pour mariage manqué;
ennuis au sujet d'un prêtre.

Le Roi de pique ayant à *droite* un

Pique : Méchant homme brun qui cherche
à vous nuire.

Cœur : Peines causées par un veuf. —
Refus de mariage.

Carreau : Un homme de loi vous tendra
un piège.

Trèfle : Vous serez poursuivi en justice
sous peu, et vous perdrez le procès.

Ayant à *gauche* un

Pique : Un veuf chicanier et avare cherche
à vous tromper.

Cœur : Peines causées par un veuf. — Refus de mariage.

Carreau : Un homme de loi vous tendra
un piège.

Trèfle : Vous serez sous peu poursuivi et
vous perdrez votre procès.

EXCEPTIONS.

Entre *deux cartes* de même valeur : Maladie.

A côté de la *Dame de pique* : Mariage; l'autre carte touchant le roi devient nulle; elle ne parle pas.

Entre *deux As* : Vous irez en prison.

Entre *deux As*, SUIVIS OU PRÉCÉDÉS IMMÉDIATEMENT du *Neuf de pique*, c'est-à-dire :

Un *As*, le *Roi de pique*, un *As*, le *Neuf de pique*, ou bien :

Le *Neuf de pique*, un *As*, le *Roi de pique*, un *As*, c'est le signe le plus épouvantable que l'on puisse amener; nous avons tenu à le bien démontrer afin qu'il soit parfaitement compris.

Le **Roi de pique**, ainsi entouré, est l'homme de loi qui vous annonce que vous passerez par les mains de la justice et que votre mort sera violente.

LA DAME DE PIQUE

Veuve, fille séduite et abandonnée, méchante brune jalouse, vindicative; telle est, isolée, la **Dame de pique**, dont la présence dans le jeu est toujours funeste.

Cette carte ayant à *droite* un

Pique : Une méchante femme brune vous calomniera.

Cœur : Une femme jalouse de vous, vous tendra prochainement un piège.

Carreau : Vous irez en justice au sujet d'une veuve; vous gagnerez le procès.

Trèfle : Obstacles occasionnés par une jeune femme brune, au sujet d'argent.

Ayant à *gauche* un

Pique : Une fille brune, offensée par vous, vous garde une haine implacable; elle cherche tous les moyens possibles pour se venger des torts que vous avez envers elle. Quoi que vous fassiez, vous n'échapperez pas à sa vengeance.

Cœur : Séduction. — Affront.

Carreau : Contrariétés sans nombre au sujet d'une femme brune. — Obstacles à vos futurs succès.

Trèfle : Perte d'argent certaine. — Mais mieux vaudra subir cette perte et être débarrassé des poursuites d'une fille brune.

EXCEPTIONS.

Entre *deux carreaux* : Évitez de faire un voyage, de donner votre signature pour quoi que ce soit, de vous déplacer; il vous arriverait un grave accident étant hors de chez vous.

3.

Auprès du *Roi* et du *Valet de cœur* : Une femme brune se montrera rampante, flatteuse, espérant tirer profit de vous. Elle usera de diverses super-cheries pour tromper votre bonne foi.

LE VALET DE PIQUE

Jeune homme brun, faux, méchant, traître.
Tout en vous faisant des protestations d'amitié, il médite intérieurement de vous trahir; ses mœurs sont légères, ses fréquentations déplorables.

Très bavard, il divulgue facilement à qui que

ce soit, ce que vous lui avez confié de bonne foi ;
même les choses les plus sérieuses dont il a fait
serment de n'en rien dire. Il ne se gêne nulle-
ment pour se parjurer, du moment que cela peut
lui attirer un profit, tant minime soit-il.

Ce **Valet** ayant à *droite* un

> **Pique** · Mauvaise connaissance. — Faux
> ami à évincer.
>
> **Cœur** : Un prétendant se présentera ; ne
> pas l'agréer. — Mauvais propos d'un
> jeune homme brun.
>
> **Carreau** : Calomnies dans la ville.
>
> **Trèfle** : Abus de confiance. — Flatteur à
> redouter.

Ayant à *gauche* un

> **Pique** : Indélicatesses. — Un jeune homme
> brun cherchera à vous séduire.
>
> **Cœur** : Réunion joyeuse qui tournera mal
> vers la fin de la soirée.
>
> **Trèfle** : Jalousie. — Désagréments.

EXCEPTIONS.

Entre *deux cartes de même valeur* : Mauvais
propos dans une réunion.

Entre *deux As* : Votre ennemi fera de la prison.

Auprès de la *Dame de pique* : Tentative cri-

minelle; l'autre carte touchant le *Valet de pique*
est nulle; elle ne parle pas.

Auprès du *Huit de pique* : Mort violente d'un
ami; l'autre carte touchant le *Valet de pique* est
nulle; elle ne parle pas.

LE DIX DE PIQUE

Le **Dix** de pique signifie : Deuil, pleurs, tristesse, désespoir, prison, déceptions.

C'est une mauvaise carte.

Cependant sa signification est atténuée suivant son entourage.

Cette carte ayant à *droite* un

Pique : Perte de position. — Tristesse.

Cœur : Chagrin d'amour. — Amitié trompée.

Carreau : Espérances déçues, mais elles se réaliseront sûrement plus tard.

Trèfle : Mort d'un ennemi.

Ayant à *gauche* un

Pique : Perte de parents éloignés.

Cœur : Bonheur en amour comme en amitié.

Carreau : Pleurs suivis d'une petite joie.

EXCEPTIONS.

Auprès du *Neuf de pique* : Maladie mortelle ; l'*autre carte* qui le touche est nulle ; elle ne parle pas.

Entre *deux cœurs* : Désespoir d'amour. — Perte d'un ami.

Entre *deux cartes de même valeur* : Prison pour votre ennemi.

LE NEUF DE PIQUE

Ce **Neuf** est la carte la plus mauvaise de tout
le jeu.

Il est le signe de la mort.

Ses significations sont très variées.

Isolée, cette carte dit : *Nouvelles à la nuit qui
vous apprendront la mort d'une personne.* Et cela,

sec, bref, sans distinction particulière ; cela peut être aussi bien celle d'un parent, d'un ami, d'un ennemi ou même d'un indifférent.

Mais accompagnée, sa signification change beaucoup.

Vous allez en juger.

Ayant à *droite* un

Pique : Tristesse pour vous. — Longue maladie d'un ami.

Cœur : Rupture entre amis.

Carreau : Mauvaises nouvelles.

Trèfle : Mort d'un indifférent.

Ayant à *gauche* un

Pique : Accident dangereux, mais non mortel, très long à s'en guérir.

Cœur : Mort d'un proche parent que vous n'aimez pas et dont vous hériterez.

Carreau : Mort d'un ami sincère.

Trèfle : Mort d'un ennemi.

EXCEPTIONS.

Auprès du *Dix de pique* : Maladie mortelle ; l'*autre carte* qui touche le *Neuf de pique* est nulle ; elle ne compte pas.

Entre *deux cartes de même valeur* : Maladie conjurée.

Auprès d'une *figure de cœur* ou de *carreau* : Mariage manqué par suite d'une maladie.

Auprès d'*un As*, d'*un Sept* ou du *Roi de trèfle*, le **Neuf de pique** n'a aucune valeur; il faut alors le considérer comme n'étant pas sorti du jeu.

Placé entre *deux figures de trèfle ou de pique*, il détruit tout ce que les autres cartes ont annoncé et oblige le consultant à recommencer l'opération.

LE HUIT DE PIQUE

Carte de la maladie. Sans être aussi terrible que le *Neuf de pique*, ce **Huit** est une très mauvaise carte.

Pleurs, discorde, contrariété, chagrins d'amour, mariage manqué, obstacles; il est fécond en mauvais pronostics.

Le Huit de pique, ayant à *droite* **un**

Pique : Maladie après accident au dehors.
Cœur : Maladie d'un ami.
Carreau : Contrariétés. — Discorde dans son intérieur.
Trèfle : Maladie pour le consultant, non dangereuse et de peu de durée.

Ayant à *gauche* un

Pique : Pleurs. — Chagrins domestiques. Obstacles pour tout ce que l'on désire.
Cœur : Mariage manqué. — Brouille avec un ami ou un parent.
Carreau : Tristesse. — Accouchement pénible.
Trèfle : Pertes d'argent. — Misère.

EXCEPTIONS.

Placé entre *deux piques* : Maladie certaine, courte et non dangereuse.

Auprès du *Neuf de pique* : Mort violente d'un ami. — Folie. — L'*autre carte* touchant le **Huit de pique** est nulle; elle ne parle pas

Entre *deux figures quelconques* : Contrariétés.

LE SEPT DE PIQUE

Le **Sept de pique**, considéré par les cartomanciens sans expérience comme étant une mauvaise carte, est loin d'avoir des pronostics défa-
vorables. Suivant son entourage il annonce
quelques désagréments sans importance.

Sa réelle signification est : *certitude*.

En lisant dans votre jeu, si, en comptant d'après la règle que nous indiquons plus loin; vous tombez sur le **Sept de pique**, ajoutez à ce que vous venez d'apprendre avec les autres cartes, le mot : *certitude*. Le **Sept de pique** n'est là que pour *confirmer, assurer, affirmer positivement* ce que vous venez d'apprendre.

Si, d'après son entourage, sa signification ne concorde pas avec ce que vous venez de connaître préalablement, ne portez nulle attention à la valeur que lui donnent les *deux cartes* qui sont à ses côtés : dites seulement : « Le **Sept de pique** est là pour m'affirmer ce que je viens d'apprendre par les cartes précédentes. »

Cessez alors l'opération, car c'est tout ce que les cartes ont à vous dire. Si vous la poursuiviez, tout ce que diraient les cartes suivantes serait sans valeur, puisque le **Sept de pique**, *affirmatif*, vous dit : « Je confirme avec certitude ce que vous venez d'apprendre. »

Si, au contraire, sa signification par les *deux cartes* qui sont à ses côtés, *concorde* avec ce que les précédentes vous ont révélé, le **Sept de pique**, *tout en restant certitude*, ne vous arrête pas; continuez comme si vous aviez rencontré une tout autre carte.

Le Sept de pique ayant à *droite* un

Pique : Perte d'argent dans la rue.

Cœur : Intrigue sans importance,
Carreau : Petite contrariété.
Trèfle : Amende à payer.

Ayant à *gauche* un

Pique : Petites peines passagères.
Cœur : Réussite en amour. — Parfait contentement.
Carreau : Querelle dans le voisinage.
Trèfle : Héritage certain.

EXCEPTIONS.

Entre *deux piques* ou *deux trèfles* : Certitude. — Cessez alors l'opération quelles que soient les prédictions des cartes précédentes.

L'AS DE CŒUR

L'As de cœur représente *la Maison*. — C'est la carte joyeuse par excellence. Même *renversé*, l'**As de cœur** est d'un augure tout à fait heureux.

Il annonce la prospérité, l'union, le bonheur, parfait dans sa maison; il a un grand nombre de significations, toutes variées et heureuses.

L'As de cœur, ayant à *droite* un

Pique : Noce, festin.
Cœur : Billet d'amour. — Lettre agréable.
Carreau : Visite d'amis.
Trèfle : Cadeau d'argent.

L'As de cœur *renversé*, c'est-à-dire la pointe en haut, signifie :

Ayant à *droite* un

Pique : Repas de fête.
Cœur : Déclaration d'amour. — Nouvelle connaissance d'un homme bien élevé.
Carreau : Visite d'amis.
Trèfle : Abondance dans son ménage.

Ayant à *gauche* un

Pique : Mariage prochain. — Invitation à une fête
Cœur : Bonheur parfait.
Carreau : Visite d'amis.
Trèfle : Réussite dans tout ce que l'on désire.

EXCEPTIONS.

Une seule exception : lorsque l'As de cœur est auprès du *Neuf de pique*, soit à sa droite ou à sa gauche, il annule tout ce que les précédentes cartes ont annoncé de désagréable.

LE ROI DE CŒUR

Cette carte heureuse, prise isolément, signifie : Homme blond sérieux qui sera votre protecteur.

De cet honnête homme, vous ne recevrez que
d'excellents conseils ; il sera pour vous un ami
sincère.

Sa loyauté vous sera un sûr garant de ses bonnes intentions à votre égard. Écoutez-le en toute chose; il vous guidera dans le chemin de l'honneur et même, si vous êtes gêné, sa bienfaisance ne vous fera pas défaut.

Le **Roi de cœur** ayant à *droite* un

Pique : Un homme blond, marié, vous veut du bien.

Cœur : Il vous aidera pour votre mariage. — Il vous rendra de grands services.

Carreau : Est en route pour venir vous voir.

Trèfle : Vous enverra de l'argent sous peu.

Ayant à *gauche* un

Pique : On s'occupe de vous.

Cœur : Protection assurée d'un homme blond.

Carreau : Voyage prochain pour affaires d'intérêt; un homme loyal vous aidera à mener à bonne fin ces affaires.

Trèfle : Protection d'un homme blond, très riche.

EXCEPTIONS.

Auprès de la *Dame de cœur* : Mariage avantageux. — Surcroît d'abondance.

Entre *deux cartes de la même valeur* : Projet
d'union

LA DAME DE CŒUR

La Dame de cœur, prise isolément, signifie *Amie sincère, honnête femme*.

C'est toujours une femme mariée, bonne, loyale, spirituelle, distinguée, douce et aimante.

Si c'est un célibataire ou un veuf qui tire les cartes, elle représente la femme qu'il épousera, laquelle aura toutes les qualités susdites.

Pour une jeune fille ou une veuve, elle représente une amie sincère qui l'aidera pour faire réussir son mariage.

Pour les gens mariés ou âgés, elle annonce une protection sérieuse, l'abondance, la joie, l'accord parfait et la bonne santé.

La Dame de cœur, ayant à *droite* un

Pique : Réussite dans tous vos désirs.
Cœur : Joie parfaite.
Carreau : On viendra vous voir.
Trèfle : Abondance et prospérité.

Ayant à *gauche* un

Pique : Est en peine de vous, par suite de défaut de nouvelles.
Cœur : Réunion des deux amies.
Carreau : Est en voyage pour vous rendre visite.
Trèfle : Protection d'une amie très riche.

EXCEPTIONS.

Ayant à ses côtés *une Dame noire* : Tromperie de femmes.

Ayant à ses côtés *une Dame rouge* : Cancans sans importance.

LE VALET DE CŒUR

Le **Valet de cœur**, trente-neuvième carte du Tarot Égyptien, représente une jeune homme blond, amoureux, honnête et toujours joyeux.

Il désigne un enfant lorsque l'on consulte pour un tout jeune garçon.

Si la consultante est une jeune fille ou une

veuve, cette carte représente son amoureux.

Pour les gens mariés ou âgés, ainsi que pour un célibataire ou un veuf, le **Valet de cœur** est le symbole d'un ami sincère, bon, adroit, bienfaisant, brave et bien élevé.

Le **Valet de cœur** ayant à *droite* un

Pique : Joyeux ami qui vous protégera.

Cœur : Un jeune homme blond vous fera la cour ; vous pouvez l'agréer, il est honnête et bon. — Parfait contentement.

Carreau : Joie dans la ville. — Visite d'un enfant de la campagne.

Trèfle : Prospérité. — Longue vie joyeuse. — Changement heureux de position.

Ayant à *gauche* un

Pique : Un jeune homme blond a du chagrin de ne pouvoir vous obliger.

Cœur : Prétendant sérieux et riche. — Amitié nouvelle.

Carreau : Lettre d'un ami sincère. — Soirée dansante.

Trèfle : Joie. — Fortune certaine.

EXCEPTIONS.

Auprès d'un *autre Valet* : Réunion de deux jeunesgens; l'*autre carte* à côté du **Valet de cœur** est nulle ; elle ne parle pas.

Auprès d'*une Dame* : Mariage certain.

Entre *deux piques* : Retard pour un mariage.

LE DIX DE CŒUR

Le **Dix** de cœur, pris isolément, signifie .
1° Dans la ville;
2° Projets.

C'est une carte heureuse qui, suivant les cartes qui l'entourent, signifie : Réussite, joie, surprise, triomphe.

Ayant à *droite* un

> Pique : Triomphe. — Vous vous vengerez
> de tous vos ennemis.
> Cœur : Joie. — Réussite en amour.
> Carreau : Surprise venant hors de la ville.
> Trèfle : Réussite en affaires.

Ayant à *gauche* un

> Pique : Projets mis à exécution.
> Cœur : Très grande joie dans la ville.
> Carreau : Voyage pour changement heu-
> reux.
> Trèfle : Réussite de tous vos projets.

EXCEPTIONS.

Entre *deux cartes de même valeur* : Prise de
voile d'une amie.

Auprès du *Roi de pique*, le **Dix** de cœur
annule tous les mauvais pronostics des autres
cartes et l'on doit recommencer la consultation
en battant de nouveau le jeu.

LE NEUF DE CŒUR

Excellente carte qui, isolée, signifie satisfaction, grande joie, réussite.

Tout ce qui vous cause de la peine est renversé ou atténué par cette carte heureuse.

Seule, une exception la rend moins favorable;

c'est lorsqu'elle est placée entre *deux As* ou *deux cartes de même valeur*.

Ayant à *droite* un

Pique : Plaisir passager.
Cœur : Satisfaction en amour. — Fidélité.
Carreau : Bonheur inattendu.
Trèfle : Réussite dans toutes vos affaires.

Ayant à *gauche* un

Pique : Gain de procès.
Cœur : Grande joie. — Accomplissement
certain de tous vos désirs.
Carreau : Voyage d'agrément.
Trèfle : Réconciliation avec un ami.

EXCEPTIONS.

Le **Neuf** de cœur placé entre *deux as* signifie : Chute sans danger.
Entre *deux cartes de même valeur* : Plaisir contrarié. — Prise de voile d'une amie.

LE HUIT DE CŒUR

Isolée, cette carte prise pour représenter la consultante, désigne une jeune fille blonde; autrement, elle veut dire : Bonne nouvelle, réussite.

Ce **Huit** assure, au jeune homme consultant, qu'il épousera certainement et sous peu celle qu'il aime; et elle ajoute que son ménage sera exempt des chagrins domestiques ;

Aux gens mariés, il assure de grandes satisfactions qui leur viendront de leurs enfants;

Aux personnes âgées, une longue et heureuse vieillesse exempte de maladies;

Aux veufs, qu'ils ne se remarieront jamais ;

A la jeune fille, que son mariage sera prochain et fécond.

Ayant à *droite* un

Pique : Réussite dans tous vos désirs ;

Cœur : Pour un jeune homme : Vous épouserez une jeune blonde très aimable.

Pour une jeune fille : Vous épouserez un blond charmant et honnête.

Carreau : Bonne nouvelle de la campagne.

Trèfle : On vous confiera une somme d'argent. — Vous réussirez dans vos affaires.

Ayant à *gauche* un

Pique : Vous apprendrez un avortement.

Cœur : La personne aimée viendra vous voir. — Parfait contentement.

Carreau : Liaison de peu de durée. — Amours nouvelles. — Voyage d'agrément.

Trèfle : Réussite dans toutes vos affaires,
soit amoureuses, soit commerciales.

EXCEPTIONS.

Entre *deux cartes de même valeur* : Gaieté
prochaine.

Entre *deux piques* : Indifférence.

LE SEPT DE CŒUR

Considéré isolé, ce sept représente *la Pensée.*

Son entourage, quel qu'il soit, est toujours d'un bon augure. Lorsqu'on le coupe, dans n'importe quelle circonstance, il signifie : Petite joie.

Quelquefois il symbolise un mariage avantageux.

Ses significations auprès des autres cartes, sont : l'économie, la paix du cœur, l'ordre, l'honnêteté.

Il assure à un jeune homme l'amour d'une aimable blonde ;

A une jeune fille, il annonce que son mariage sera heureux et aura lieu sous peu ;

Pour les gens mariés, c'est le symbole de la paix intérieure, du parfait accord.

Il n'y a qu'aux veufs et aux veuves qu'il est défavorable, ne leur annonçant qu'ennuis et rivalité.

Par conséquent, les veufs doivent considérer le **Sept de cœur** sous cet augure et ne pas tenir compte de la signification de l'entourage de cette carte.

Ayant à *droite* un

Pique : Petit ennui au sujet d'un mariage.

Cœur : Bonheur parfait. — Mariage heureux et prochain.

Carreau : Petit retard pour tout ce que vous attendez ; mais réussite assurée.

Trèfle : Tout ce que vous désirez aura lieu.

Ayant à *gauche* un

Pique : Rivalité. — Ennuis.

Cœur : Amourette. — Mariage certain. — Prospérité.

Carreau : Vous ferez un long voyage qui vous procurera joie et profits.

Trèfle : Vous vaincrez une difficulté avec facilité.

EXCEPTIONS.

Entre *deux cartes de même valeur* : Cadeau.

Entre *deux piques* : Rivalité.

Entre *deux Rois* ou *deux Valets* : Soutien d'amis.

L'AS DE TRÈFLE

Cet **As**, isolé, signifie : Argent, un Présent.
— *Renversé* : Projet contrarié.

Cette carte est belle. Elle assure la chance, le succès dans ses entreprises ; elle annonce une somme d'argent, un héritage et de bonnes nouvelles.

C'est la carte de la Fortune.

Retournée, c'est-à-dire *renversée*, elle est quand même favorable, sauf de rares exceptions.

L'As de trèfle ayant à *droite* un

Pique : Protection d'un homme puissant.

Cœur : Riche mariage. — Succès dans ses entreprises.

Carreau : Gain au jeu. — Profits dans la ville.

Trèfle : Abondantes récoltes. — Changement avantageux.

Ayant à *gauche* un

Pique : Héritage.

Cœur : Cadeau de fleurs. — Lettre d'amour.

Carreau : Grande réussite dans tout ce que vous espérez.

Trèfle : Cadeau.

L'As de trèfle, *renversé*, ayant à *droite* un

Pique : Brouille avec un mauvais voisin pour cause d'intérêts.

Cœur : Projet contrarié; il se réalisera plus tard.

Carreau : Nouvelles de la ville au sujet d'une petite somme d'argent.

Trèfle : Réussite assurée. — Argent certain.

5.

Ayant à *gauche* un

Pique : Perte d'argent.
Cœur : Joie ; mais de courte durée.
Carreau : Plaisir contrarié.
Trèfle : Trouvaille.

EXCEPTIONS.

L'As de trèfle auprès du *Roi de carreau* a deux significations :

1° Profits, par l'entremise d'un homme de la campagne ;
2° Un militaire de votre famille avancera en grade ou sera médaillé ou décoré.

Entre *deux trèfles* : Certitude absolue de bonheur et de réussite en tout. — Inutile alors de continuer la consultation ; c'est l'augure le plus favorable.

LE ROI DE TRÈFLE

Cette carte représente un homme brun dévoué, aimant à rendre service; ou bien un homme d'argent loyal et bon.

Animé de bons sentiments cet homme est, tel que le *Roi de cœur*, un ami, un protecteur.

On le nomme aussi le *Roi de l'argent* parce

que, le trèfle étant l'emblème de l'argent (*denier*, dans le Tarot Égyptien), il préside à notre fortune; et comme ce Roi est une carte très favorable, il est d'un excellent augure pour le consultant.

Tiré isolément par un célibataire ou un veuf, il signifie : Rival plus fortuné que vous;

Par une jeune fille : Prétendant qui est un homme sérieux, riche et plein de bonnes qualités.

Par un enfant : Tuteur.

Par toute autre personne : Protecteur.

Ce **Roi** ayant à *droite* un

Pique : Petits obstacles à l'accomplissement de vos projets. — Un homme riche vous aidera, et, ainsi, vous assurera la réussite que vous désirez.

Cœur : Fortune. — Chance extraordinaire. — Joie parfaite.

Carreau : Vous recevrez une somme d'argent dans une lettre.

Trèfle : Grands bénéfices. — Certitude d'abondance.

Ayant à *gauche* un

Pique : Votre protecteur est tourmenté à cause de vous. — Protection assurée.

Cœur : Prétendant sérieux. — Tuteur. —
Protecteur. — Sincère ami.
Carreau : Voyage à la campagne.
Trèfle : Avantageuse proposition par un
homme riche.

EXCEPTIONS.

Auprès du *Roi de pique* : Consultation d'affaires ; l'*autre carte* touchant le trèfle n'est pas
nulle par le fait de cette exception ; elle parle, on
doit l'interpréter suivant sa signification particulière.

Entre *deux trèfles* : Vous devez cesser la consultation. Tout ce que vous désirez réussira certainement.

Entre *deux cœurs, carreaux* ou *piques* ; on
doit l'interpréter *isolément*, c'est-à-dire sans
donner la valeur aux deux cartes l'entourant. Cette
interprétation *isolée*, est celle désignée par les
diverses significations particulières expliquées
en tête de la page précédente.

LA DAME DE TRÉFLE

La **Dame de tréfle** est une carte très favo-
ble suivant les cartes de son entourage; mais
e n'est pas d'un bon augure ayant à ses côtés
rtaines cartes que nous désignerons.

La **Dame de tréfle** représente une femme

brune, mariée, bien élevée, très spirituelle, aimant à rendre service.

Prise isolément par une jeune fille ou une veuve elle annonce : Rivalité, jalousie.

Par un célibataire ou un veuf, elle représente la femme que l'on épousera.

Pour toute autre personne elle est une protectrice puissante et assure la tranquillité et le bonheur.

La Dame de trèfle ayant à *droite* un

 Pique : Une femme brune vous aime et cependant est jalouse de vous.

 Cœur : Amourette. — Amitié sincère

 Carreau : Est en route pour vous apporter de l'argent.

 Trèfle : Nouvelle connaissance d'une personne aimable et riche.

Ayant à *gauche* un

 Pique : Votre rivale cherche à faire rompre votre mariage. — Chagrins passagers consolés par une femme brune, votre protectrice.

 Cœur : Protection.

 Carreau : Une brune, jalouse, cherchera à troubler votre intérieur.

 Trèfle : Profit.

EXCEPTIONS.

Près de la *Dame de pique* : Amitié d'une veuve.
Entre *deux Dames* : Caquets de femmes.
Auprès d'un *Roi noir* : Grand accord dans le ménage.

LE VALET DE TRÈFLE

Joyeux garçon, Amant sincère, Flatteur peu dangereux, Jeune homme aimable, entreprenant, adroit, brave; telle est la signification de cette carte prise isolément.

Ce **Valet** a de nombreuses significations particulières qui sont plus ou moins favorables.

Isolément, tiré par une jeune fille, il représente son fiancé, jeune homme brun, honnête et bon; mais s'il est entre *deux piques*, sa famille s'opposera au mariage, qui n'aura lieu qu'après les sommations respectueuses.

Par un jeune homme, il représente son rival plus fortuné; mais entre *deux cartes de cœur*, ce rival sera évincé.

Par un veuf, c'est l'annonce de son prochain mariage.

Enfin, par toute autre personne, il assure la réussite complète dans tout ce que l'on entreprendra.

Ayant à *droite* un

Pique : Vous ferez la connaissance d'un jeune homme qui vient d'hériter.

Cœur : Prétendant que l'on peut agréer.

Carreau : Mauvais propos dans la ville.

Trèfle : Difficultés. — Retard d'un mariage pour cause de fortune insuffisante.

Ayant à *gauche* un

Pique : Nouvelle connaissance d'un joli garçon brun, mais fort bête, quoique se croyant spirituel.

Cœur : Amour discret. — Ami bienfaisant.

Carreau : Visite d'un ami bon vivant, qui vous procurera joie et gaîté.

Trèfle : Réussite complète dans toute entreprise.

EXCEPTIONS.

Entre *deux piques* : Mariage retardé qui n'aura lieu qu'après les sommations respectueuses.

Entre *deux cœurs* : Rivalité qui ne sera pas funeste.

Ainsi que l'*As de trèfle*, cette carte est celle de la fortune.

Réussite, abondance, prospérité, succession imprévue, réussite en toute chose; tel est, isolé, le **Dix de trèfle**.

Quelle que soit la place qu'il occupe dans le

jeu sorti, placé auprès de n'importe quelle carte, ce **Dix** est d'un augure très favorable.

Jugez-en :

Ayant à *droite* un

Pique : Héritage d'un étranger.
Cœur : Joie. — Réussite en toute chose.
Carreau : Cadeau d'un ami.
Trèfle : Somme perdue, retrouvée.

Ayant à *gauche* un

Pique : Changement de position.
Cœur : Fortune assurée et imprévue.
Carreau : Envoi d'un présent venant d'un
homme de la campagne.
Trèfle : Argent que l'on n'attend pas.

EXCEPTIONS.

Entre *deux figures de Rois* ou *de Valets* : Soutien d'hommes.

Entre *deux Dames* : Riche mariage. — Amies sincères.

Entre *un Roi* et *une Dame* : Protection de gens mariés.

Près de la *Dame de pique* : Argent d'une veuve. L'autre carte auprès du **Dix de trèfle** est nulle ; elle ne parle pas.

LE NEUF DE TRÈFLE

Isolé, le Neuf de trèfle signifie : Argent, succès.
Cette carte, ainsi que le *Dix de trèfle*, est d'un
parfait augure.

Ayant à *droite* un

Pique : Procès gagné.

Cœur : Mariage riche. — Gain dans ses affaires.

Carreau : Lettre qui vous apprendra une naissance.

Trèfle : Très gros bénéfices.

Ayant à *gauche* un

Pique : Petit héritage.

Cœur : 1° Pour un jeune homme : Il épousera une jeune brune, riche et spirituelle.

2° Pour une jeune fille : Mariage dans le courant de l'année.

3° Pour toute autre personne : Proposition avantageuse.

Carreau : Voyage lucratif. — Mariage retardé.

Trèfle : Envoi d'argent. — Succès en toute chose.

EXCEPTIONS.

Entre *deux cartes* de *même valeur*, le **Neuf de trèfle** annonce que vous apprendrez l'ordination d'un membre de votre famille ou d'un ami qui vous est cher.

Entre *deux cœurs* : Projet d'union. — Association.

LE HUIT DE TRÈFLE

Amourette, Jeune fille brune qui désire se marier; telle est, isolément, la signification de ce Huit, pour une jeune fille ou un jeune homme.

Pour toute autre personne, il présage une rapide fortune, l'argent gagné avec facilité, la réalisation de toutes les espérances.

Ayant à *droite* un

> Pique : Fortune pénible à gagner, mais certaine.
>
> Cœur : Prétendant. — Connaissance d'une jeune brune très honnête.
>
> Carreau : Entreprise avantageuse. — Connaissance d'une femme légère.
>
> Trèfle : Projets lucratifs. — Réussite certaine. — Mariage heureux.

Ayant à *gauche* un

> Pique : Séduction. — Mirage trompeur.
>
> Cœur : Grande joie prochaine.
>
> Carreau : Voyage pour assister à une noce
>
> Trèfle : Argent rapidement gagné par de bonnes spéculations. — Riche mariage.

EXCEPTIONS.

Auprès du *Valet de trèfle* : Déclaration d'amour.

Pour les gens mariés : Proposition d'association.

Pour toute autre personne : Soutien d'un jeune homme riche.

Entre *deux cartes de même valeur* : Rivalité. — Concurrence.

LE SEPT DE TRÈFLE

Le Sept de trèfle, isolé, signifie : Petit profit. — Plaisir.

Tiré par un jeune homme, cette carte lui annonce qu'il épousera une jeune fille brune, généreuse ;

Par une jeune fille ou une veuve, elle signifie :
Rivalité peu dangereuse;

Par un militaire : Avancement prochain;

Par un veuf : Faiblesse en amour;

Par toute autre personne : Gain, profit, plaisir.

Ce **Sept** ayant à *droite* un

Pique : Rivalité. — Gain de procès.

Cœur : 1° A une jeune fille : Vous êtes aimée par un jeune homme riche;

2° A un jeune homme : Vous êtes aimé par une jeune brune;

3° A toute autre personne : Vous êtes aimé par vos amis.

Carreau : Vous serez protégé par une jeune fille riche et généreuse; elle vous sortira de la gêne.

Trèfle : Succès d'argent. — Riche mariage.

Ayant à *gauche* un

Pique : Manque absolu de tout ce que l'on désire; mais cela ne durera pas longtemps.

Cœur : Mariage d'inclination peu fortuné, mais très heureux. — Plaisirs dans la ville.

Carreau : Voyage d'agrément. — Petit profit.

Trèfle : Petite somme d'argent crue perdue et qui va vous rentrer.

EXCEPTIONS.

Entre *deux cartes de même valeur* : Cadeau.

Entre *deux Sept rouges* : Grossesse. — Abondance.

Entre *deux Sept noirs* : Jalousie de femmes.

————

MANIÈRE D'OPÉRER

POUR TIRER LES CARTES

La méthode la plus répandue, parce qu'elle est la plus simple et la meilleure de toutes, est la vieille, l'ancienne méthode italienne, qui a pris sa source dans les tarots égyptiens.

Comme nous l'avons déjà fait très justement remarquer, les cartes à jouer sont la reproduction, en petit, du Tarot de Thot. Nous y remarquons les mêmes *points* sous d'autres signes; par conséquent, pour s'en servir avec confiance, point n'est besoin de recourir aux méthodes fictives créées dans le siècle courant.

Cette manière d'opérer si répandue, n'est malheureusement pas connue entièrement à fond par tous; elle est *bâtardée* par les méthodes nouvelles qui ne reposent sur aucun fondement.

De là, cette confusion, cette difficulté qu'éprouvent les consultants pour se bien tirer les cartes.

Nous allons indiquer cette manière de procé-

6.

der des anciens, qui est si simple, si facile, qu'elle est accessible à tous les esprits.

Pour mieux la démontrer, nous allons la décomposer, mouvement par mouvement, avec figures à l'appui.

REMARQUE TRÈS IMPORTANTE.

1° *Hiérarchie des cartes.*

L'as, est la plus forte carte du jeu; viennent ensuite :

Le roi;
La dame;
Le valet;
Le dix;
Le neuf;
Le huit;
Le sept.

2° *Ce que l'on nomme la couleur des cartes.*

Beaucoup de personnes se figurent qu'il n'y a, que deux couleurs : noir et rouge.
On désigne par *même couleur* :

Deux ou plusieurs cœurs;
Deux ou plusieurs carreaux;
Deux ou plusieurs piques;
Deux ou plusieurs trèfles.

Ainsi, si vous tirez un *pique*, le *Dix de carreau* et le *Sept de cœur*, sachant que vous devez conserver la carte la plus élevée *de la même couleur*; n'allez pas croire que, parce que *cœur* et *carreau* sont *rouges*, que ce soit le *Dix de carreau* qu'il faille garder.

Exemples :

Ces trois cartes ont trois couleurs différentes.

Il en est de même de celles-ci.

Ici, il y a *deux couleurs* : cœur et trèfle.

Ici, il y a encore *deux couleurs* : carreau et pique.

Ceci, bien compris, lisez avec attention ce qui va suivre et vous en connaîtrez autant qu'une cartomancienne.

Prenez un jeu de cartes ordinaires composé de trente-deux cartes.

Battez-le.

Coupez de la main gauche si vous opérez pour vous-même.

Si vous opérez pour une autre personne, faites-lui couper le jeu de la main gauche.

On ne coupe qu'une seule fois et l'on ne doit pas avoir la main gantée.

Ramassez le jeu; tenez-le dans la main gauche.

Prenez de la main droite les cartes *trois par trois*.

Maintenant, attention :

⁂

Retournez les trois premières cartes que vous venez de prendre :

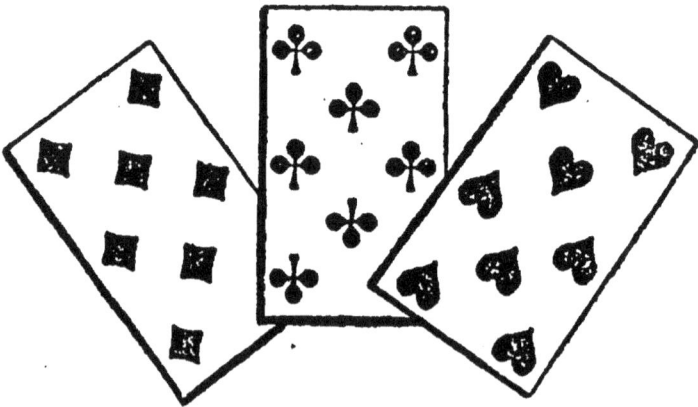

Ces trois cartes sont de couleurs différentes.

Il ne faut en prendre aucune.

Par conséquent, jetez-les de côté, à votre droite.

où vous allez faire un tas de toutes celles qui ne vaudront rien pour être sorties.

Prenez les trois suivantes.

Dans ces trois cartes il s'en trouve *deux de même couleur*, qui sont le Sept et le Dix de cœur.

Prenez la plus forte des deux *ayant la même couleur*, c'est-à-dire, le *Dix de cœur*.

Posez ce *Dix* sur la table, devant vous et *à votre gauche*.

Supposons que les trois cartes suivantes soient le *Neuf de pique*, le *Huit de trèfle* et la *Dame de cœur*.

Les trois cartes étant de couleurs différentes, comme les premières que vous avez tirées, bien entendu, vous les mettez à votre droite, sur le tas des *inutiles qui ne sont pas sorties*.

Prenez toujours les trois suivantes...

Ah! cette fois, il ne sort *qu'une seule couleur :*

Chaque fois que les cartes que vous sortirez auront la *même couleur*, vous les placerez *toutes trois*, sans les changer de l'ordre dans lequel elles sont sorties dans votre main droite, *à la suite* des cartes déjà sorties.

Ayant comme première *carte sortie*, posée à votre gauche, le *Dix de cœur ;* vous mettrez à sa suite ces trois cartes d'*une même couleur*, qui viennent de sortir ; et vous aurez sur table :

Continuez en suivant la règle ci-dessus.

Supposons que les trois cartes suivantes soient l'*As de carreau*, l'*As de pique* et le *Roi de carreau.*

L'*As de carreau* étant la carte la plus forte des deux cartes *de la même couleur*, sortez-le et jetez les deux autres au rebut, sur le tas de droite.

Continuez toujours de même.

Les trois cartes suivantes sont *trois Dames* : celle de *pique, carreau* et *cœur.*

Lorsque *trois cartes de la même valeur* sortent *ensemble*, on les place à la suite de celles déjà sorties.

Placez donc ces trois dames à *la suite de l'As de carreau.*

Si, épuisant le jeu, il ne vous reste que deux cartes dans la main gauche ; n'en prenez *qu'une*, la *plus forte*, quelle que soit sa couleur.

Si les deux cartes sont de la même couleur, prenez-les toutes deux.

Quand vous aurez retourné tout le jeu, *trois par trois*, battez les cartes mises de côté, les inutiles, *qui forment* votre tas de droite.

Coupez et recommencez l'opération jusqu'à ce que vous ayez obtenu au moins *quinze cartes* à consulter.

Ayant fait l'opération deux ou trois fois, si vous avez sorti un nombre *pair de cartes parlantes*, il vous faudra en prendre une au hasard dans les cartes qui vous resteront dans la main gauche, afin de former le nombre *impair* nécessaire pour consulter.

Vous placerez cette carte à la suite des autres.

Supposons que, après les cartes déjà sorties plus haut, et qui sont :

Dix de cœur;
Dix de trèfle;
Valet de trèfle;
Neuf de trèfle;
As de carreau;
Dame de pique;
Dame de carreau;
Dame de cœur;

vous ayez obtenu les sept suivantes pour atteindre le minimum de cartes exigé; vous avez devant vous le jeu ci-dessous que nous allons expliquer :

7

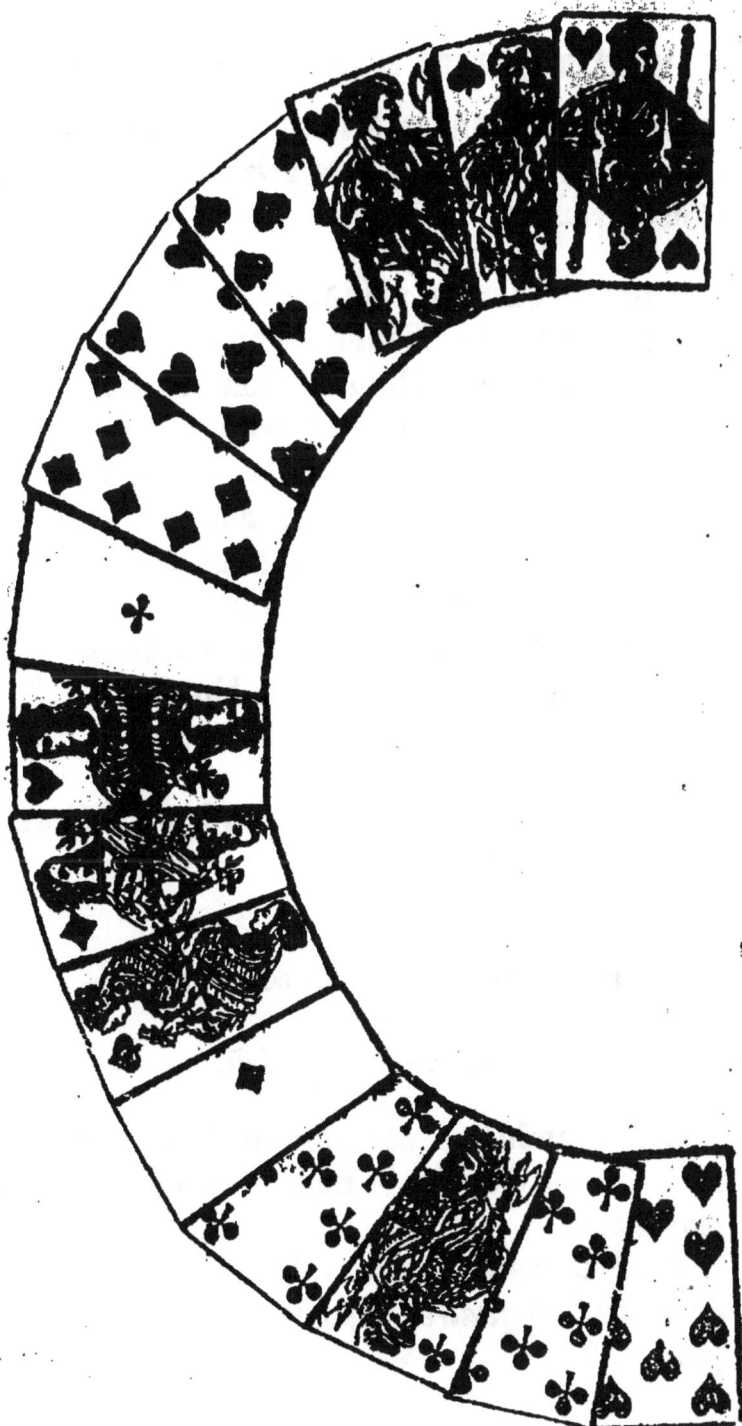

La première chose à faire est de chercher le *questionnant*, qui doit être pris d'après l'indication suivante :

Roi de carreau : Militaire.
Roi de pique : Veuf ou vieux garçon.
Roi de cœur : Homme blond marié.
Roi de trèfle : Homme brun marié.
Dame de pique : Veuve ou vieille fille.
Dame de cœur : Femme mariée blonde.
Dame de trèfle : Femme mariée brune.
Valet de cœur : Jeune homme blond.
Valet de trèfle : Jeune homme brun.
Huit de cœur : Jeune fille blonde.
Huit de trèfle : Jeune fille brune.

Une fois le *questionnant* trouvé, on doit examiner l'*ensemble* du jeu.

PREMIÈRE PHASE DE LA CONSULTATION.

Ensemble du Jeu.

Cet ensemble se compose de la valeur générale du jeu d'après le nombre sorti de *cartes semblables*.

Pour connaître cette valeur des cartes par *deux, trois* et *quatre*, voyez les figures spéciales, page 143.

.·.

L'ensemble du jeu que nous venons de tirer, vous dit :

1° Deux as;

Il y en a un rouge et un noir, ce qui signifie : *changement.*

2° Trois dames : *Embarras.*
3° Trois valets : *Embarras.*
4° Quatre dix : *Réussite.*
5° Deux neuf.

Un *noir* et un *rouge*, ce qui signifie : *Nouvelle* connaissance.

De ces cinq augures, formez les phrases suivantes :

Je vais avoir un changement prochain ; mais il ne sera pas favorable ; cela est bien *affirmé* ; le mot : *embarras*, se répétant deux fois.

Cependant, plus tard je réussirai grâce à une nouvelle connaissance.

Voilà une première réponse des cartes ; mais elle est tout à fait étrangère à la *grande consultation* que vous allez faire ; c'est, nous le répétons *un simple avertissement* bien distinct.

DEUXIÈME PHASE DE LA CONSULTATION.

Supposons que la consultante soit une femme mariée blonde.

En se reportant à l'indication spéciale désignant les variétés de consultants, ci-dessus mentionnée, nous y trouvons que la carte qui représente une femme blonde et mariée est la *Dame de cœur*.

C'est donc la *Dame de cœur* qui doit représenter la consultante.

Cette carte est le *point de départ* pour consulter le jeu sorti.

.•.

Pour compter, le nombre *sept*, est le moins usité ; on compte généralement par *cinq*.

Ainsi, comptant d'abord :

1, sur la dame de cœur ;
2, sur l'as de trèfle ;
3, sur le dix de carreau ;
4, sur le neuf de cœur ;
5, sur le dix de pique.

La *première carte parlante* est le **Dix de pique**.

Afin d'en connaître la signification consultez, la page spéciale consacrée au **Dix de pique**; vous y voyez que,

Entre *deux cœurs*, il signifie :

1° Désespoir d'amour;
2° Perte d'ami.

Si la consultante était une jeune fille, sa signification serait : *Désespoir d'amour*; étant au contraire une femme mariée, sérieuse; on ne doit lui appliquer que : *Perte d'ami*.

Comptez encore jusqu'*à cinq*, en comptant d'abord *un*, sur la carte *qui vient de parler* : vous êtes sur le **Dix de cœur**.

Cette carte a, à droite, le roi de cœur; et à gauche, le **Dix de trèfle**.

Ce qui signifie :

1° Joie;
2° Réussite de tous vos projets.

Voilà une chose bizarre. La *première* carte est juste le contraire de la *seconde*. Mais, patience, nous allons en connaître le motif.

.˙.

Comptez encore *cinq*, toujours en comptant d'abord *un*, sur la carte qui vient de parler.

Nous sommes sur l'**As de carreau.**

Cet As, ayant à *droite* un *pique* et à *gauche* un *trèfle*, signifie :

1° Mauvaise nouvelle ;
2° Rentrée d'argent sur laquelle on ne comp- tait plus.

Alors, tout s'explique :

La mauvaise nouvelle est celle de la perte d'un ami, annoncée par le **Dix de pique.**

La joie provient de la nouvelle que vous donne l'**As de carreau** (qui signifie, isolé, *lettre*), d'une rentrée d'argent sur laquelle vous ne comptiez plus ; et la *réussite de tous vos projets* est le com- plément de ce que vous apprendra la lettre.

.˙.

Comptez *cinq* : **As de trèfle.**

La valeur isolée de cet as est : *Argent*; ce qui confirme la rentrée d'argent que vous n'at- tendiez pas.

Cet as, qui est *droit*, a, à *droite*, un *carreau*, qui lui donne la signification de : *Profit dans la*

ville; ce qui confirme encore, certifie doublement la rentrée d'argent; et, de plus, annonce
qu'il viendra d'une personne de votre localité.

Il a, à *gauche*, un *cœur*; ce qui vous annonce
l'envoi d'un bouquet.

...

Comptez *cinq* : **Valet de cœur** qui, pour les
personnes mariées, symbolise *un ami sincère.*

L'envoi du bouquet sera de cet ami.

Mais le **Valet de cœur** est entre deux *piques*;
et les *exceptions* de cette carte indiquent, étant
ainsi placée : *Retard pour un mariage.*

Ce qui veut dire, qu'en vous envoyant le bouquet, cet ami vous fera savoir qu'il y a un
retard pour le mariage d'un jeune homme auquel,
tous deux, vous portez intérêt.

...

Comptez *cinq* : **Dix de trèfle**, carte de la
fortune.

1° Il a à *droite* un *trèfle* : *Somme perdue,
retrouvée.*

Encore un pronostic heureux, une *affirmation
absolument certaine* de l'argent qui va vous rentrer, annoncé déjà par l'**As de carreau** et celui
de trèfle, autre carte de la Fortune.

2° Il a à *gauche* un *cœur* : *Fortune assurée et imprévue.*

Ici, le mot *Fortune*, signifie *argent assuré et imprévu*, ce qui confirme la rentrée d'argent.

₊

Comptez *cinq* : **Dame de pique.**
Ici, c'est un *avertissement*, cette carte étant entre *deux carreaux*.
Les exceptions de cette carte disent :
La **Dame de pique**, entre *deux carreaux*, vous avertit : D'éviter de faire un voyage, de donner votre signature pour quoi que ce soit, de vous déplacer; il vous arriverait un grave accident, étant hors de chez vous.

₊

Comptez *cinq* : **Dix de carreau.**
Isolé, il signifie voyage, changement, déplacement.
C'est le complément de l'avertissement ci-dessus, donné par la **Dame de pique** : Vous allez être dans le cas de vous déplacer; mais déjà vous êtes prévenu de n'en rien faire.
Le **Dix de carreau** est auprès du **Neuf de cœur.**

7.

Alors les *exceptions* vous disent que :

1° Vous allez recevoir la visite de gens de la campagne ;

2° Que l'*autre carte* le touchant, est nulle ; par conséquent, il n'y a pas lieu d'interpréter l'**As de trèfle**, qui est à *gauche* du **Dix de carreau**.

.•.

Comptez *cinq* : **Valet de pique.**

1° Il a à *droite* un cœur : *Mauvais propos* d'un jeune homme brun ;

2° Il a à *gauche* un cœur : *Réunion joyeuse* qui tournera mal vers la fin de la soirée.

C'est clair, n'est-ce pas ?

La réunion joyeuse sera la visite des gens de la campagne, indiquée par le **Dix de carreau**.

Les mauvais propos du jeune homme brun, l'un des visiteurs ; amèneront vers la fin de la soirée des événements qui la feront mal tourner.

.•.

Comptez *cinq* : **Valet de trèfle**, joyeux garçon, amant sincère.

Ce joyeux garçon fera partie de vos visiteurs.

C'est l'ami dont vous aurez appris le mariage retardé ; ce qui l'indique clairement c'est que, comme il est dit à la page spéciale de cette *carte* :

Ayant à *droite* un *trèfle*, c'est un retard de mariage. Le complément est ici indiqué : ,

Ce retard a lieu pour cause de *fortune insuffisante*.

Le **Valet de trèfle** a aussi à *gauche* un *trèfle* ; ce qui veut dire : *Réussite complète dans vos entreprises ;* au résumé, grâce à votre entremise, le mariage de votre ami aura lieu.

***

Comptez *cinq* : **Dame de carreau.**

Voyez les *exceptions* de cette *carte* : Entre *deux cartes* de *même valeur* : *Voyage retardé*.

Ce qui indique que vous allez tenir compte de l'avertissement donné plus haut par la **Dame de pique**, qui vous a dit : *d'éviter de vous déplacer*.

***

Comptez *cinq* : **Neuf de cœur.**

Voyez les *exceptions* de cette *carte* : Entre deux *cartes* de même valeur ; *prise de voile d'une amie*. ,

Parmi vos visiteurs de la campagne, une jeune fille, votre amie, vous fera savoir qu'elle va entrer en religion.

∴

Comptez *cinq* : **Roi de cœur.**

Les cartes l'entourant signifient *Protection.*
C'est l'affirmative répétée deux fois ; la certitude de cette protection est donc absolue.

∴

Comptez *cinq* : **Neuf de trèfle** ; *argent, succès.*

Complément *affirmatif* de tout votre jeu qui,
comme nous venons de le voir, vous assure rentrée d'argent et succès en toute chose.

Ce **neuf** a à *droite* un *carreau* : *Lettre qui vous
apprendra une naissance.*

Cette lettre est la même que celle dont parle
l'**As de carreau** laquelle, outre ce qu'elle vous
a déjà dit sur cet **as**, vous apprendra une naissance.

Le **Neuf de trèfle** a, à *gauche*, un *trèfle* qui,
pour terminer votre jeu, *en certifie l'ensemble* par
ces mots déjà répétés : *Envoi d'argent, succès
en toute chose.*

∴

Comptez *cinq* : Vous revenez sur la **Dame de
cœur,** qui est *vous*, la consultante, laquelle carte
a servi de point de départ pour la consultation.

La deuxième phase de la consultation est terminée.

RÉSUMÉ DE LA DEUXIÈME PHASE DE LA CONSULTATION.

Première réponse.

Vous allez recevoir une lettre venant de votre localité.

Cette lettre vous annoncera la mort d'un ami.

La rentrée d'une somme d'argent sur laquelle vous ne comptiez plus.

Vous parlant de vos projets (qui sont connus de la personne qui vous écrit), la lettre vous annoncera qu'ils sont en bonne voie de réussite.

Enfin, cette lettre vous annoncera une naissance.

Deuxième réponse.

Un jeune homme, ami sincère, vous enverra un bouquet et vous fera savoir par la personne qu'il aura chargé de vous le remettre, qu'il y a un retard pour le mariage d'une personne à laquelle, vous et lui, portez grand intérêt.

Troisième réponse.

Vous allez être sur le point de faire un voyage. N'en faites rien, ne vous précipitez pas.

Évitez de donner votre signature pour *quoi que ce soit.*

Ne vous déplacez ni hors de la ville, ni hors de chez vous pour quelque temps, car il vous arriverait un grave accident.

Quatrième réponse.

Des personnes de la campagne viendront vous rendre visite.

La réunion sera d'abord très joyeuse.

Mais l'un de vos visiteurs, jeune homme brun, de mauvais caractère, jaloux, faux, par ses paroles aigres et méchantes, troublera la joie générale vers la fin de la soirée.

Un autre jeune homme joyeux, aimable (celui dont on vous a parlé en vous envoyant le bouquet), vous fera part du motif qui retarde son mariage.

Ce motif est sa fortune insuffisante.

Vous vous intéresserez doublement à ce réel ami et grâce à votre intervention auprès de la famille de sa future, la difficulté du manque de fortune sera levée et le mariage aura lieu.

Une jeune fille, votre amie, vous fera part de sa décision d'entrer en religion.

Cinquième réponse.

Un homme blond, marié, vous protégera.

Grâce à lui, vous aurez la certitude de réussir dans tous vos désirs.

Sixième réponse.

Cette réponse, donnée par le **Neuf de trèfle**, excellente carte, est distincte absolument des autres.

Elle vient tout à fait en dernier, pour *certifier* l'heureux augure de l'*ensemble de votre jeu.*

TROISIÈME PHASE DE LA CONSULTATION.

Les rencontres.

Réunissez les cartes *deux par deux* et inter-prétez-les d'après *leur valeur isolée.*

Prenez la *première* de *droite* et la *première* de *gauche.*

Projets qui auront la protection d'un homme blond, sérieux et obligeant.

Réussite ; mais contrariété occasionnée par un jeune homme faux et méchant.

Rivalité de deux jeunes gens.

Argent. — Succès.

Le **Dix de pique** isolé, signifie : Deuil, pleurs, tristesse, désespoir, prison, déception.

Mais comme le rassemblement avec le **Neuf de trèfle** place cette dernière carte à *gauche* du consultant, sa signification devient : *Pleurs suivis d'une petite joie.*

(Voir cette même indication à la page spéciale du **Dix de pique**.)

Lettre qui causera de la satisfaction.

Méchante femme, déplacement à son sujet.

(Ne pas faire ce déplacement, comme votre jeu ci-dessus vous l'a conseillé.)

Votre ennemie. — (Répétition de la **Dame de pique**, ci-dessus.)

Présent. — (Le bouquet que vous recevrez.)

Interprétation : Votre ennemie souffrira de la marque d'attention que vous témoignera le jeune homme brun qui vous enverra un bouquet.

La dernière carte est la **Dame de cœur**, qui est *vous*, la consultante.

Vous avez dû remarquer *la parfaite concordance* des réponses de la *Grande Opération* première, avec celle des *Rencontres*, que nous venons d'expliquer.

En ayant recours, pour *chaque carte*, à la *page spéciale* consacrée à chacune d'elles, vous pouvez très facilement obtenir un résultat *immédiat* et *certain* de bonne opération.

Lorsque vous aurez un peu pratiqué, vous connaîtrez chaque carte et sa valeur accompagnée ; alors vous n'aurez plus besoin d'avoir recours aux pages explicatives des cartes.

DERNIÈRE PHASE DE LA CONSULTATION.

Les réponses de l'Opération suivante ont deux variétés :

> 1° La première confirme ce qui a été déjà dit;
> 2° Ou bien la seconde répond sur d'autres sujets intéressant la consultante.

Une seule de ces variantes parle dans cette dernière opération.

Ramassez les *quinze cartes* qui viennent de parler.

Battez-les.

Coupez de la main gauche.

Mettez les cartes à *l'envers* et en éventail dans la main droite.

De la main gauche tirez les *une par une*, au hasard.

Placez-les, au fur et à mesure, à *l'envers* sur la table et dans cet ordre :

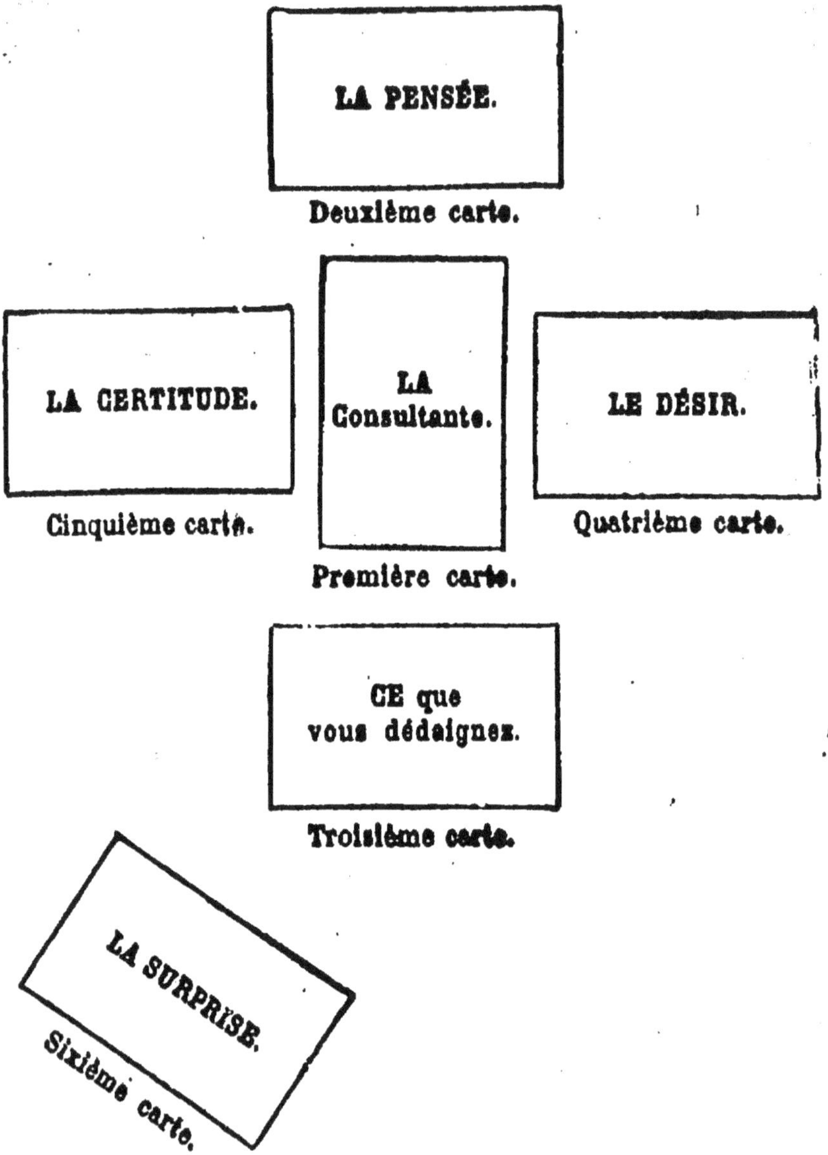

LA PENSÉE.

Deuxième carte.

LA CERTITUDE.

Cinquième carte.

LA
Consultante.

Première carte.

LE DÉSIR.

Quatrième carte.

CE que
vous dédaignez.

Troisième carte.

LA SURPRISE.

Sixième carte.

Épuisez les quinze cartes en les plaçant ainsi, *les unes sur les autres* et *une par une*, dans *l'ordre numératif* indiqué.

Vous aurez par conséquent :

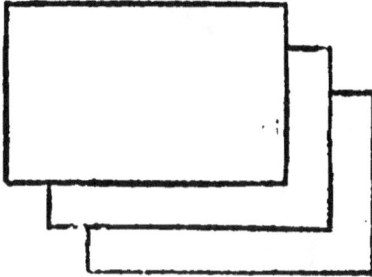

Trois cartes sur *la Pensée.*

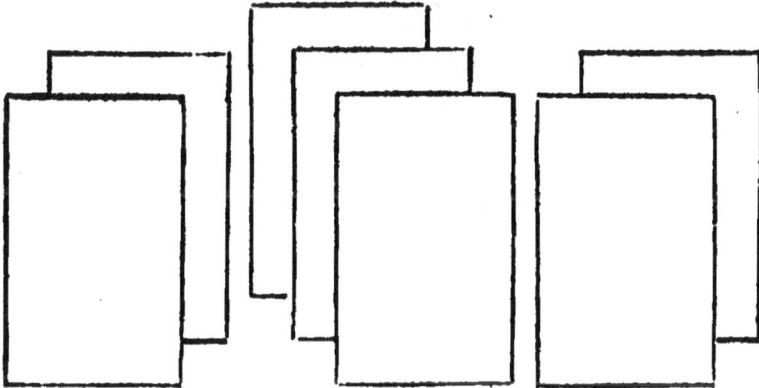

Deux cartes
sur *la Certitude.*

Trois cartes
sur *la Consultante.*

Deux cartes
sur *le Désir.*

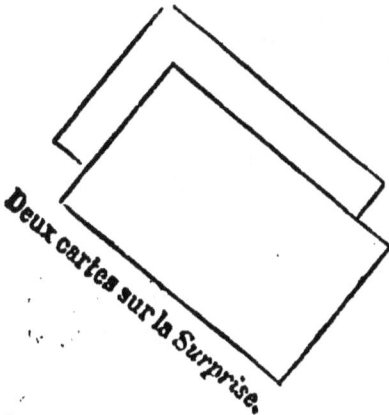

Deux cartes sur la Surprise.

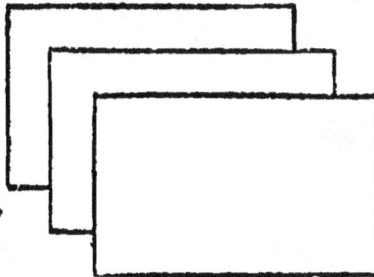

Trois cartes
sur *Ce que vous dédaignez*

Maintenant relevez les paquets *un par un*, et dans cet ordre :

1° *La Consultante.*

Vous recevez un présent. — Argent: — Succès

2° *La Pensée.*

Votre pensée est pour un jeune homme de la campagne qui est en rivalité avec un autre jeune homme au sujet d'un mariage.

3° *Ce que vous dédaignez.*

Votre ennemie, représentée par la **Dame de pique**, une veuve, et par la **Dame de carreau**, femme méchante.

Vous dédaignez aussi un jeune homme méchant et faux (**Valet de pique**).

4° *Ce que vous désirez.*

Par le **Neuf de cœur**, qui symbolise la joie et la réussite, vous désirez que, tout ce que représente le **Dix de pique** : Tristesse, pleurs, etc.,

ne se réalise pas pour vous ainsi que pour ceux
que vous aimez.

5° *La Certitude.*

Lettre venant de la ville.

6° *La Surprise.*

Réussite assurée par la protection d'un homme
sérieux.

L'opération est terminée.

Elle peut paraître fort longue, vu la longueur
de notre explication; mais il est nécessaire,
pour bien apprendre une chose, de l'expliquer
clairement dans ses moindres détails et en *décom
posant* chaque mouvement.

C'est ce que nous venons de faire.

TROISIÈME PARTIE

MÉTHODE DU GRAND ETTEILLA

La méthode d'Etteilla ne diffère de celle que nous venons d'expliquer que par *une carte blanche* que l'on ajoute au jeu; ce qui fait *trente-trois cartes.*

Cette carte blanche représente *le consultant.*

A l'exception de l'*as de pique*, du *neuf de pique* et de l'*as de cœur*, toutes les cartes sont numérotées.

Voici dans quel ordre vous devrez numéroter le jeu:

Numéros 1, La carte blanche;
2, As de carreau;
3, Roi de carreau;
4, Dame de carreau;

5, Valet de carreau;

6, Dix de carreau;

7, Neuf de carreau;

8, Huit de carreau;

9, Sept de carreau;

10, Roi de cœur;

11, Dame de cœur;

12, Valet de cœur;

13, Dix de cœur;

14, Neuf de cœur;

15, Huit de cœur;

16, Sept de cœur;

17, Roi de pique;

18, Dame de pique;

19, Valet de pique;

20, Dix de pique;

21, Huit de pique;

22, Sept de pique;

23, As de trèfle;

24, Roi de trèfle;

25, Dame de trèfle;

26, Valet de trèfle;

27, Dix de trèfle;

28, Neuf de trèfle;

29, Huit de trèfle;

30, Sept de trèfle.

⁖

Après avoir numéroté ainsi les *trente cartes*, battez-les, coupez ou faites couper de la main gauche si vous opérez pour une autre personne.

Retirez ensuite les *douze premières cartes*.

Étendez-les sur la table *de droite à gauche* en les retournant.

Mettez la *troisième* et la *trente-troisième* de côté, sans les retourner; c'est le paquet *de la surprise*.

Si la *carte blanche*, celle qui porte le numéro *un* et qui vous représente, n'est pas sortie dans les *douze cartes*, il vous faudra recommencer l'opération autant de fois qu'il sera nécessaire jusqu'à ce que cette carte sorte.

⁖

La *carte blanche* se trouvant parmi les *douze cartes sorties*, commencez l'opération; elle est très simple.

Supposons que voilà le jeu sorti :

8.

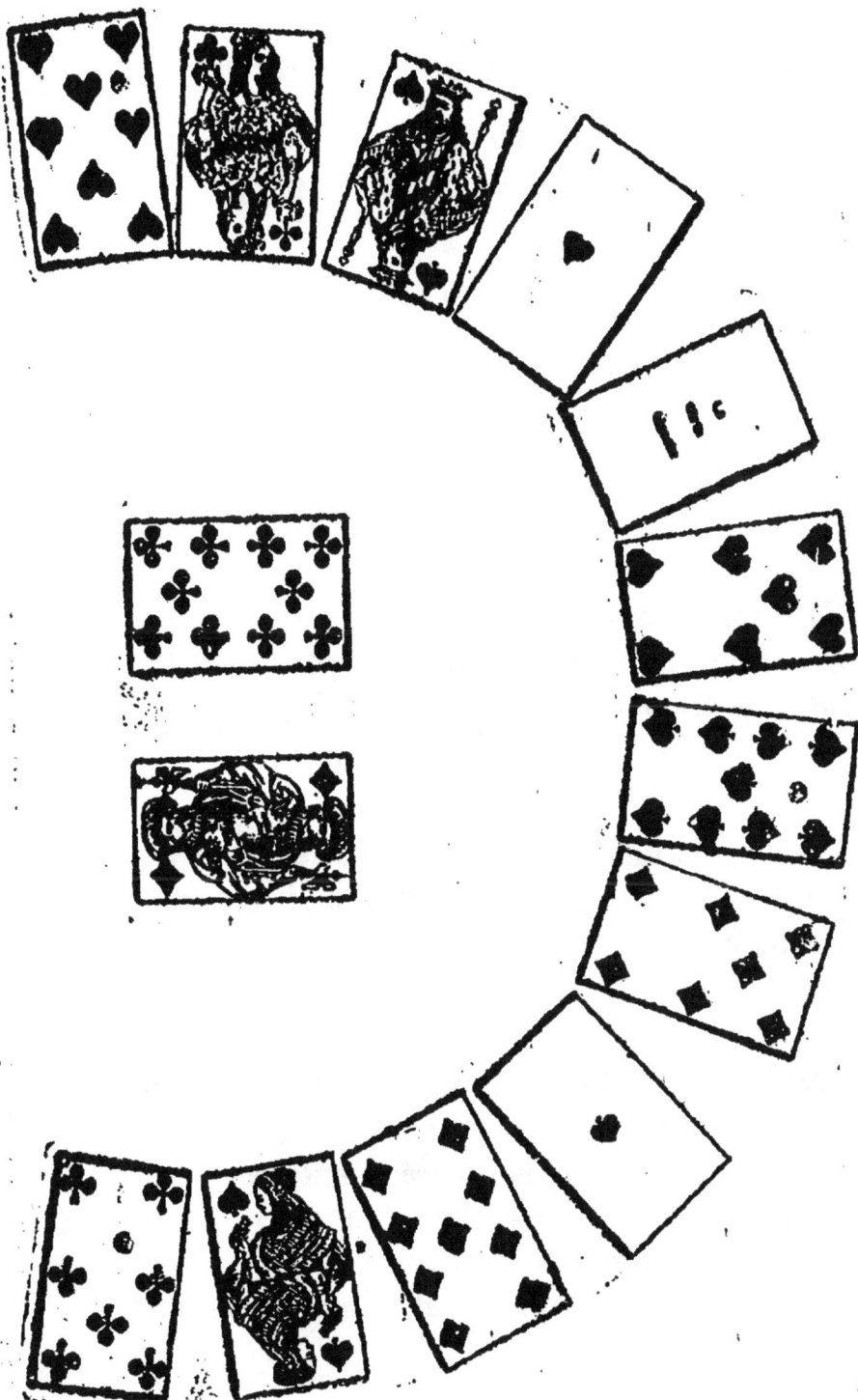

Additionnez les chiffres des *douze cartes* :

$$
\begin{array}{r}
30 \\
18 \\
7 \\
9 \\
16 \\
1 \\
17 \\
25 \\
15 \\
\hline
138
\end{array}
$$

Ce total vous indique le nombre de jours à courir avant que s'accomplisse ce que les cartes vont vous annoncer.

Pour expliquer le jeu sorti, vous devez suivre la règle ordinaire que nous avons indiquée précédemment.

L'explication étant terminée, passons à la deuxième phase de l'opération.

Comme dans la méthode précédente, vous enleverez les *douze cartes* deux par deux, en en prenant une à *gauche* et l'autre à *droite*.

Et vous les expliquerez absolument comme

dans le grand jeu précédent, ainsi que la surprise.

Une seule exception a lieu :

Si la rencontre de deux cartes produit le
nombre 31, elles deviennent nulles ; par conséquent on ne doit pas les interpréter et continuer
en prenant les deux suivantes.

SECONDE MÉTHODE D'ETTEILLA.

Cette méthode est usitée pour connaître une
seule réponse à une seule question.

Battez les *trente-trois cartes.*

Coupez ou faites couper de la main gauche.

Retournez en plaçant devant vous les *cinq*
premières cartes.

Faites-en l'interprétation d'après la règle générale que nous avons démontrée.

Additionnez les chiffres des cartes.

Le total vous donnera le nombre de jours qui
s'écouleront avant l'accomplissement de votre
question.

C'est naïf et même si simple que les consultants préfèrent certainement questionner le grand
jeu par *quinze cartes* au minimum qui, s'il est
plus difficile à apprendre, a du moins l'immense
avantage de parler longuement et sûrement.

MÉTHODE DE Mlle LE NORMAND

Vouloir reproduire exactement le système de Mlle Le Normand, dans un ouvrage, serait vouloir résumer les cinq volumes qui composent ses œuvres, et, par conséquent, remplir même en faisant ce résumé très bref, deux ou trois cents pages.

Comme nous l'avons dit au commencement de ce livre, elle a créé des *pratiques secrètes* très intéressantes ; et sa manière *personnelle* d'interpréter les cartes ordinaires en donnant une valeur à chacune d'elles, est un *remarquable* et *curieux travail*.

Mais, halte-là ! Si Mlle Le Normand a eu le génie D'INVENTER une méthode particulière, cela ne veut pas dire que ce soit parole d'Évangile !

Sur quoi de *réel* se base-t-elle ? Quels sont les documents qu'elle cite comme cheville ouvrière de sa méthode ? Aucuns...

C'est donc de la *fantaisie ingénieuse*, voilà tout.

Cela est d'autant plus vrai, qu'elle a confondu dans *une même carte*, les points du jeu de piquet avec le langage des fleurs et un fictif tarot mythologique.

Tout le monde sait, par exemple, que l'**As de cœur** symbolise *la maison*; que le **Roi de carreau** désigne un *militaire* ou un *homme de la campagne.* C'est l'enfance de l'art du cartomancien, n'est-ce pas?

Eh bien, Mlle Le Normand, se contente de désigner ainsi la valeur de ces cartes.

As de cœur : *Parenté.*

Roi de carreau : *Homme serviable, sans façon, brave, franc, qu'il faut ménager.*

Et, contraste singulier, pour la **Dame de carreau,** elle donne le symbole de cette carte !

Voilà bien la *preuve* de sa méthode fantaisiste !

Néanmoins, je m'incline devant ses œuvres.

Ses calculs astronomiques, sa géomancie, ses exercices sur les fleurs et les animaux, ses talismans, ses nombres cabalistiques, les oracles des sibylles et surtout sa chiromancie, sont de purs chefs-d'œuvre.

Il n'y a que son tarot *fictif* et sa manière personnelle d'interpréter quelques cartes que je ne lui pardonne pas, *parce que c'est fantaisiste !*

VALEUR DES CARTES

PAR DEUX, TROIS ET QUATRE

Les quatre As.

Un as noir et un as rouge : *Changement.*

Deux as rouges : *Changement suivi d'une grande joie.*

Deux as noirs : *Mauvaise chance.*

Trois as : *Embarras.*

Nota : Pour ne pas répéter la signification des TROIS CARTES à chaque carte, disons une fois pour toutes que, sous la désignation : TROIS, il est entendu qu'il n'y a pas de distinction dans *l'ordre où elles sont placées* les unes auprès des autres, pas plus que dans les *couleurs*. Ainsi trois *as* dont deux rouges et un noir, ou deux noirs et un rouge, signifient : *embarras*. A part la signification, qui est variée, cette remarque est applicable aux autres cartes désignées *par trois*.

Quatre as : *Réussite.*

Les quatre Rois.

Un roi noir et un roi rouge : *Changement.*
Deux rois rouges : *Changement suivi d'une grande joie.*
Deux rois noirs : *Gain de procès.*
Trois rois : *Embarras.*
Quatre rois : *Soutien d'hommes.*

Les quatre Dames.

Une dame noire et une dame rouge : *Change-ment.*
Deux dames rouges : *Réunion d'amies.*
Deux dames noires : *Cancans.*
Trois dames : *Embarras.*
Quatre dames : *Caquetage.*

Les quatre Valets.

Un valet noir et un valet rouge : *Changement. — Rivalité.*
Deux valets rouges : *Réunion de deux jeunes gens.*
Deux valets noirs : *Médisance. — Mauvais propos.*
Trois valets : *Embarras. — Dispute. — Désaccord.*
Quatre valets : *Société. — Plaisirs.*

Les quatre Dix.

Un dix noir et un dix rouge : *Changement*.
Deux dix rouges : *Voyage*.
Deux dix noirs : *Changement de position*.
Trois dix : *Embarras*.
Quatre dix : *Réussite*.

Les quatre Neuf.

Un neuf noir et un neuf rouge : *Changement* et nouvelle connaissance.
Deux neuf rouges : *Plaisir prochain*.
Deux neuf noirs : *Légers ennuis*.
Trois neuf : *Profits*.
Quatre neuf : *Succès*.

Les quatre Huit.

Un huit noir et un huit rouge : *Nouvelle connaissance*.
Deux huit rouges : *Amourette*.
Deux huit noirs : *Enterrement. — Chute*.
Trois huit . *Embarras*. (Quelquefois ils signifient : *Visite d'amis*.)
Quatre huit : *Bonheur*.

9

Les quatre Sept.

Un sept noir et un sept rouge : *Changement.*
Deux sept rouges : *Profits.* (Quelquefois *Avortement.*)
Deux sept noirs : *Jalousie de femmes.*
Trois sept : *Douleurs corporelles.* — *Grossesse.*
(Ces deux significations ne sont pas isolées; les *trois sept* signifient les deux choses, mais, tirés par un homme, ils ne signifient que : *Douleurs corporelles.*)
Quatre sept : *Bonheur.* — *Grossesse.*

Vous avez dû remarquer que certains pronostics se répétaient souvent.
Ainsi, deux cartes de même valeur, dont une noire et une rouge, signifient six fois sur huit : *Changement.*
Le nombre *trois* est fatal.
Cinq fois sur huit il signifie : *Embarras.*
Une fois : *Douleurs corporelles.*
Une fois : *Dispute, désaccord* (3 valets).
Enfin il n'est favorable que par *trois neuf,* puisqu'il annonce : *Profits.*
Le nombre *quatre* est toujours heureux.

LEÇONS VARIÉES

Prenez un jeu de trente-deux cartes.

Battez-les.

Coupez de la main gauche ou faites couper de cette main par la personne pour laquelle vous opérez.

Retranchez du jeu les *onze premières* cartes.

Il vous en reste donc *vingt et une.*

Battez-les et coupez ou faites couper de nouveau.

Celle de dessus, mettez-la de côté pour *la Surprise.*

Retournez en les étendant devant vous les *vingt* autres en commençant *à gauche* et suivant l'ordre vers la *droite.*

Cherchez dans le jeu si le *consultant* s'y trouve.

S'il n'y est pas prenez au hasard ou faites prendre par la consultante l'une des *onze* cartes inutiles ; et cette carte, *quelle qu'elle soit*, représentera le *consultant*.

Une fois le *consultant* trouvé, vous le placerez à l'extrême *droite*.

Pour lire le jeu, opérez comme nous l'avons dit dans notre première grande explication détaillée et en vous reportant, si vous êtes embarrassé, à l'explication de la valeur de chaque carte.

A la fin de l'opération on ne fait pas de paquets; on relève seulement la carte de la *surprise* qui a été mise de côté au commencement de l'opération.

CONSULTATION POUR CONNAITRE DE SUITE
LE PASSÉ, LE PRÉSENT ET L'AVENIR.

Prenez un jeu de trente-deux cartes.

Battez-le.

Coupez de la main gauche.

Retirez la carte de dessus et celle de dessous.

Mettez ces deux cartes de côté pour *la Surprise*.

Des trente cartes qui vous restent, faites trois paquets de dix cartes.

Pour obtenir ces paquets mettez une carte à *gauche*, une au *milieu* et une à *droite*.

Épuisez ainsi le jeu en mettant les cartes *une par une* dans l'ordre indiqué :

Le paquet de *gauche* représente le passé;

Celui du *milieu* le présent ;
Et celui de *droite* l'avenir.
Faites l'explication d'après la valeur des cartes tant isolées, qu'accompagnées.

MOYEN DE CONNAITRE LA PENSÉE DE LA PERSONNE ÉLOIGNÉE QUI VOUS INTÉRESSE.

Prenez un jeu de trente-deux cartes.

Tirez-en d'abord la carte qui représente la personne de qui vous voulez connaître la pensée ou la situation de santé, ou si elle vous aime, ou si elle est en voyage, etc., etc.

Supposons que cette personne est un jeune nomme blond ; c'est le **Valet de cœur** qui le représente.

Vous tirez donc cette carte et la placez devant vous.

Ensuite, battez le jeu.

Coupez de la main gauche.

Maintenant faites six paquets en posant les cartes *une par une* et dans l'ordre suivant :

1° La personne que vous interrogez (le **Valet de cœur**) ;
2° La tête ;
3° Les pieds ;
4° Le côté droit ;
5° Le côté gauche ;
6° La surprise.

Couvrez *les premières cartes de* ces paquets deux fois; vous aurez donc en tout dix-huit cartes parlantes.

Pour les interpréter, opérez comme dans la *dernière phase de la consultation* que nous avons détaillée, page 128.

MOYEN DE CONNAITRE CE QUI ARRIVERA DANS LES VINGT-QUATRE HEURES.

Battez un jeu de trente-deux cartes.
Coupez.
Mettez le jeu en éventail dans la main droite.
Tirez au hasard de la main gauche, treize cartes en plaçant la première à votre *gauche* et les autres à la suite, vers la *droite*.
Consultez les cartes d'après la manière indiquée, en comptant *un* à partir de la première carte tirée.
Une fois revenu sur cette carte après avoir compté de *cinq en cinq*, l'opération est terminée.

LES CARTES TIRÉES POUR LA FORMATION DE LA GRANDE ÉTOILE.

Cette manière est une des plus faciles.
Elle est expéditive et l'on n'a jamais besoin de recommencer l'opération.

Prenez d'abord dans le jeu de trente-deux cartes celle qui représente *le Consultant.*

Supposons que ce soit une jeune fille blonde.

C'est par conséquent le **Huit de cœur** que l'on doit retirer du jeu.

Posez ce **Huit** à découvert sur la table.

Battez les trente et une cartes qui restent.

Coupez de la main gauche.

Prenez la carte de dessus et mettez-la à découvert à la tête du **Huit de carreau.**

Cela étant fait, battez le jeu, coupez et tirez la carte de dessus.

Il faut répéter cette opération *treize fois* en plaçant chaque fois la carte de dessus dans cet ordre:

La première, à la tête du consultant;

La seconde, à ses pieds;

La troisième, à sa *droite*;

La quatrième, à sa *gauche*;

La cinquième, debout sur la première;

La sixième, debout sur la seconde;

La septième, en travers de la troisième;

La huitième, en travers près de la quatrième;

La neuvième, à l'angle du haut à *droite*;

La dixième, à l'angle du bas à *gauche,*

La onzième, à l'angle du haut à *gauche*;

La douzième, à l'angle du bas à *droite*;

La treizième, en travers sur le consultant.

Pour expliquer le jeu, vous reportant à la valeur particulière de chaque carte, comme nous l'avons détaillée au commencement de cet ouvrage; vous relevez les cartes *deux par deux*, en ayant soin de commencer par la dernière carte sortie.

SECONDE MANIÈRE.

La Petite Étoile.

Si le consultant ne désire connaître qu'*une seule* réponse sur *une seule* question, l'opération de la Petite Étoile est encore plus facile et plus simple.

Comme pour la Grande Étoile, tirez d'abord le consultant du jeu et posez-le devant vous à découvert.

Maintenant, entourez-le de quatre cartes.

Pour mieux faire comprendre nous allons donner un exemple :

Supposons que le consultant soit une femme brune; tirez d'abord des trente-deux cartes *la* **Dame de trèfle**.

Battez les trente et une cartes restantes.

Coupez de la main gauche et prenez la carte *de dessus*, que vous placerez au-dessus du consultant.

Supposons que cette carte soit l'**As de carreau.**

Dites aussitôt : *Je vais recevoir une lettre...*

Battez les trente cartes restantes ; coupez de la main gauche, prenez la carte de dessus, que vous placerez sous le consultant.

Supposons que ce soit le **Dix de cœur.**

Ajoutez ces paroles aux premières : *cette lettre viendra de la ville.* (C'est-à-dire de votre localité.)

Battez les vingt-neuf cartes restantes, coupez de la main gauche, prenez la carte de dessus que vous placerez à la droite du consultant.

Cette carte est l'**As de trèfle** qui signifie, isolé, *Argent, Présent.*

Ajoutez aux paroles : *et m'annoncera que je vais recevoir de l'argent et un cadeau...*

Battez les vingt-huit cartes restantes.

Coupez de la main gauche, prenez la carte de dessus que vous placerez à la *gauche* du consultant.

C'est le **Roi de cœur.** — Il signifie : homme blond sérieux; protecteur.

Terminez alors la réponse par ces mots : *cet argent et ce cadeau viendront d'un homme blond, sérieux, qui me protégera dans mes affaires.*

C'est on ne peut plus simple à faire. Cette consultation est, de toutes, la plus commode, la plus vivement faite et la plus facile.

LES RÉUSSITES

Les Réussites, d'après certains cartomanciens, n'ont aucune influence sur la destinée humaine.

Certes, il y a loin des *règles* des réussites aux combinaisons savantes des cartes parlantes par l'application du système des tarots de Thot.

La marche à suivre pour *faire parler* les cartes, comme nous l'avons démontrée, a une *base*, une *assise*, une *valeur*, parce que cette *marche*, cette *règle des combinaisons*, n'est pas le fait du caprice de tel ou tel auteur; mais bien le *décalque* exactement rigoureux du système des Égyptiens consacré par le livre de Thot.

Tandis que les Réussites, n'ont pas d'histoire!

Elles ne datent guère que du xv⁰ siècle, alors que les *cartes à jouer* ont été répandues dans toute l'Europe.

Par un savant assemblage, original parfois, les gens d'esprit ont *inventé* pour distraire leurs hôtes des combinaisons *réglées*, au moyen d'un jeu de cartes, où le hasard joue le principal rôle.

Lorsque l'on parvenait à obtenir les exigences

de la *règle annoncée*, la *Réussite*, naturellement était faite.

Les *Réussites* étaient donc un *passe-temps*, un *agrément*.

Rien ne prouve, rien *n'atteste* qu'elles ont une valeur *divinatoire*.

Cependant, pour les personnes qui y attachent une certaine confiance (confiance *personnelle*, non *généralisée*), les Réussites ont une valeur, un attrait.

Il en est de la *chance* avec les cartes, tout comme de la chance, de l'*étoile heureuse*, dans la destinée.

Certains, au jeu comme en affaires, auront une veine suivie ; tandis que d'autres auront beau jouer toute leur vie ou travailler avec courage, ils n'obtiendront jamais les faveurs de la fortune : c'est ce que l'on appelle la *destinée* ; ce à quoi les Orientaux appliquent leur formule résignée : *C'était écrit.*

Comptant sur le hasard de la fortune, faites donc des Réussites ; elles jetteront passagèrement une satisfaction dans votre esprit inquiet.

Nous allons vous démontrer les plus intéressantes.

Une Réussite ne répond qu'à une seule question.

RÉUSSITE DE LA REINE MARIE-ANTOINETTE.

Pendant sa dure captivité dans la prison du Temple, la reine Marie-Antoinette, profondément croyante dans tout ce qui se rattachait de près ou de loin aux sciences occultes, se faisait elle-même des *Réussites*.

Celle que nous allons d'abord vous expliquer est de son invention.

⁂

Prenez un jeu de trente-deux cartes.

Battez-le.

Coupez de la main gauche.

Prenez les cartes *une par une*, en commençant par celle qui est au-dessus du jeu.

Posez sur la table et à l'*envers* cette première carte à votre gauche.

Prenez la suivante; posez-la à côté.

Faites de même de la troisième et de la quatrième.

Posez la *cinquième sous la première*;

La *sixième sous la seconde*;

La *septième sous la troisième*.

La *huitième sous la quatrième*.

Ensuite couvrez les *huit cartes* ainsi placées, avec les cartes qui vous restent, en les prenant toujours *une par une*, et en les plaçant *à mesure*

que vous les prenez, en commençant par le tas
numéro 1.

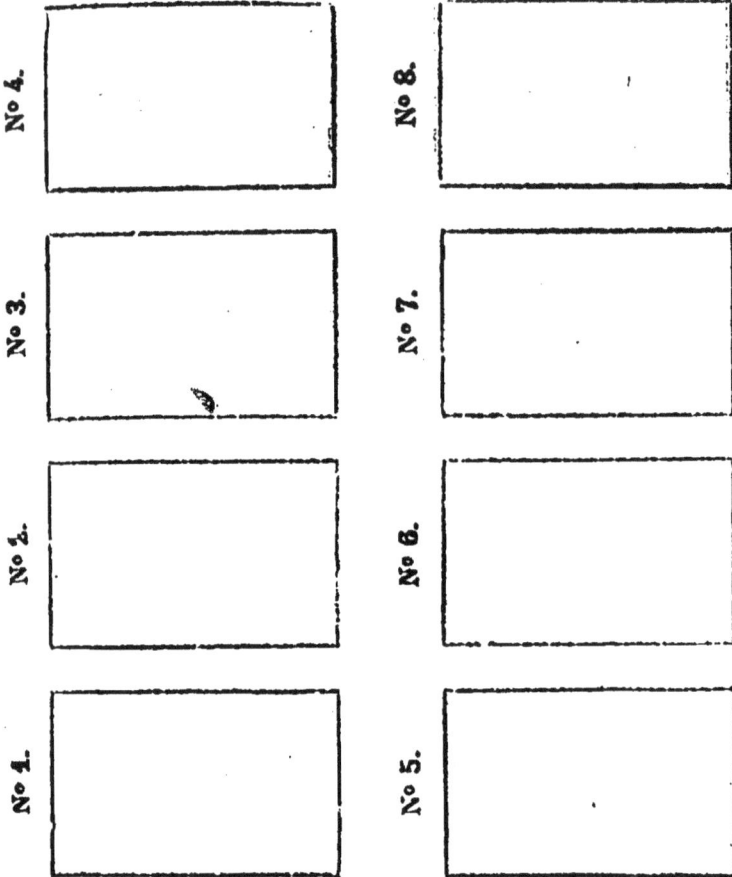

No 4.		No 8.	
No 3.		No 7.	
No 2.		No 6.	
No 1.		No 5.	

Les huit premières cartes posées, sur la table à l'envers.

C'est donc la neuvième carte que vous poserez
sur le tas numéro 1 ; et ainsi de suite.

La seizième carte se trouvant sur le numéro 8,
posez la dix-septième sur le numéro 1 ; et la
vingt-quatrième se trouvera sur le numéro 8.

Posez la vingt-cinquième carte sur le numéro 1 ;

mais cette fois, *retournez-la ;* la trente-deuxième, toujours retournée, se trouvera sur le numéro 8.

Les trente-deux cartes du jeu : Vingt-quatre à l'envers ; huit retournées.

Vous aurez donc, huit paquets ayant chacun :
1° Trois cartes à l'envers ;
2° Une carte retournée.

Enlevez toutes les cartes *retournées de même valeur et par deux.*

Ces cartes sont :

Deux As ;
Deux Rois ;

Retournez une carte sur chaque paquet d'où vous venez d'enlever les **As** et les **Rois**.

Quatre nouvelles cartes paraîtront, ce qui formera toujours *huit cartes retournées.*

Enlevez toutes les cartes de *même valeur, par deux,* comme vous venez de le faire.

Pour que la *Réussite* se fasse, il faudra que, procédant toujours de même, vous puissiez sortir toutes les cartes du jeu.

RÉUSSITE DES QUATRE AS.

Battez le jeu.

Coupez de la main gauche.

Tirez en les retournant les treize premières cartes.

Retirez les as qui s'y trouvent.

Recommencez deux autres fois la même opération.

Si les *quatre as* sont sortis, la réponse est favorable à votre question.

S'ils sortent à la deuxième opération, la réalisation de votre désir aura lieu dans un très bref laps de temps.

Si, ce qui n'arrive pas souvent, ils sortent parmi les treize premières cartes, votre désir se réalisera favorablement le même jour.

Bien entendu si, dans les trois opérations, il ne sort qu'un, deux ou trois as, la réponse à votre question est négative et d'autant plus mauvaise qu'il y aura peu d'as sortis.

Si vous n'en sortez aucun, outre la négation pour votre question, c'est l'annonce d'un ennui pour le jour même.

RÉUSSITE DES DOUZE CARTES.

Battez le jeu.

Coupez de la main gauche.

Prenez d'abord les *sept premières* cartes que vous jetterez de côté.

Mettez la *huitième*, retournée, à votre gauche.

Prenez les sept cartes suivantes ; jetez-les de côté.

Mettez la huitième à la suite de celle qui est posée à votre gauche.

Continuez ainsi jusqu'à épuisement des cartes et la trente-deuxième sera la *quatrième* sortie.

Recommencez deux fois la même opération ; vous aurez douze cartes sur la table.

Désignez une carte pour vous représenter et

dites *sur elle* en vous dirigeant *à droite : as, roi, dame, valet, dix, neuf, huit, sept,* quelle que soit la carte que vous touchiez.

Lorsque vous vous trouverez dans cette *marche* sur une carte ayant la valeur que vous venez de prononcer, vous la sortirez.

Continuez et si vous sortez ainsi les douze cartes, la réussite sera faite.

RÉUSSITE DES TRENTE-DEUX CARTES.

Le Cercle magique.

Contrairement à la règle suivie qui désigne le consultant dans la *grande opération,* pour cette réussite, on l'indique d'une autre façon.

1° Un homme blond, qu'il soit marié, veuf, célibataire ; ou bien même un jeune homme ou un enfant blond est représenté par le *roi de cœur.*

2° Si la personne est brune, c'est le *roi de trèfle* qui la représente.

3° Une femme blonde, qu'elle soit mariée ou veuve ; ou bien même une jeune fille ou une fillette blonde, est représentée par la *dame de cœur.*

4° Si la personne est brune, c'est la *dame de trèfle* qui la représente.

* *
* *

Prenez un jeu de trente-deux cartes.

Battez-le.

Coupez de la main gauche.

Posez sur la table les trente-deux cartes, une par une, en formant un cercle.

Comptez à partir du consultant en disant, *quelle* que soit la carte qui se présente :

> *Sept, huit, neuf, dix ;*
> *A , roi, dame, valet.*

Chaque fois que le hasard vous fait poser le doigt sur une carte qui *représente par sa valeur* ce que vous nommez, sortez-la du jeu et continuez en suivant toujours l'ordre convenu ci-dessus.

Si vous enlevez ainsi les trente-deux cartes, votre réussite est faite.

RÉUSSITE DES DOUZE FIGURES.

Sortez du jeu les quatre dames.

Mettez-les devant vous en forme de croix, c'est-à-dire deux dames l'une sous l'autre, et les deux autres à la ligne de jonction formée par les deux premières, mais horizontalement : vous obtenez une croix parfaitement égale qui formera quatre angles.

Battez les vingt-huit cartes restantes en formulant votre demande. Cette demande devra être conçue de façon que la réponse soit *oui* ou *r.: :*.

Coupez de la main gauche.

Tenez les vingt-huit cartes dans la main gauche, et de la droite tirez-les une à une.

Pour que la réussite se fasse, il faudra que toutes les figures soient en dessus, après avoir épuisé le jeu.

Dans les angles formés par la croix des dames, vous placerez au fur et à mesure que vous retournerez les cartes : *neuf, dix, valet*.

A la tête des dames : *sept, huit, as, roi*.

Les vingt-huit cartes ainsi sorties, vous aurez sur table :

1° Les quatre figures des dames;

2° Les quatre rois à la tête des dames;

3° Les quatre valets dans les angles formés par la croix des dames.

Bien entendu, de toutes les cartes qui ne sortiront pas dans l'ordre précité pour être placées sur table, vous formerez un talon.

Les vingt-huit cartes épuisées, vous reprendrez ce talon, le battrez de nouveau et, coupant toujours de la main gauche, vous continuerez comme précédemment.

Après avoir relevé cinq fois le talon, si toutes les figures ne sont pas sorties, c'est que vous n'aurez pu placer les vingt-huit cartes dans

l'ordre indiqué et, partant, votre réussite manquée vous donnera une réponse négative

RÉUSSITE DES COULEURS.

Cette réussite se fait en adoptant une seule
couleur et pour une seule réponse.

Pour prendre la couleur qui doit parler, on ne
doit pas la choisir au hasard, mais bien d'après
celle que comporte le genre de votre question.

Par exemple vous désirez savoir si vous pouvez vous fier à la promesse d'une femme brune,
mariée.

La carte représentant cette femme étant la
dame de trèfle, la *couleur* que vous devrez adopter
sera *trèfle*.

Autre question : Aurai-je bientôt des nouvelles
de tel, qui est militaire?

Le roi de carreau représentant un militaire,
ce sont les huit carreaux qui seront la couleur
que vous devrez prendre.

Du reste, pour bien connaître la carte qui
devra vous annoncer *la couleur à observer*, reportez-vous page 111, où se trouve le tableau indicateur du questionnant.

Posez d'abord votre question. Ensuite, suivant
la personne qui est le but de cette question,
adoptez la couleur des cartes sous laquelle cette
personne est désignée page 111.

Supposons que votre question soit : *Mon ma-riage aura-t-il lieu bientôt?* Supposons encore que votre prétendu est un jeune homme brun. Le valet de trèfle symbolisant un jeune homme brun, ce sont les huit trèfles que vous devez adopter comme couleur.

Battez le jeu. Coupez de la main gauche.

Tirez les trois premières cartes en les retour-nant.

S'il n'y a pas de trèfles, jetez-les de côté.

S'il y en a, sortez-les.

Répétez quatre autres fois la même opération.

Après quoi, *sans reprendre* les cartes mises au rebut, battez les dix-sept cartes qui vous restent en main, coupez et recommencez quatre fois l'opération ci-dessus.

Il vous restera en main cinq cartes.

Si, dans ces cinq cartes, il se trouve un ou plu-sieurs trèfles, la réussite est manquée.

Si, au contraire, tous les trèfles sont sortis, la réussite est faite et la réponse est favorable.

Bien entendu, si dans les quinze premières cartes tirées les huit trèfles sont sortis, c'est l'as-surance que votre réponse est non seulement favorable, mais encore que ce que vous désirez aura lieu encore plus promptement que vous ne l'espériez.

Les questions ne concernent pas toujours *des personnes*, mais aussi, parfois, des événements.

Dans ce cas, reportez-vous à la valeur individuelle de chaque carte, pour connaître la couleur à prendre.

Exemples :

Pour savoir si celui ou celle qui vous intéresse
est en danger de mort, sachant que le *neuf de
pique* est le signe de la mort, la couleur à
adopter est pique.

« Recevrai-je la lettre que j'attends ? » L'as de
carreau, isolé, signifiant *lettre*, la couleur à
adopter est carreau.

Si vous voulez savoir si vous toucherez sous
peu l'argent que vous attendez, l'*as de trèfle*,
isolé, signifiant *argent*, la couleur à adopter est
trèfle.

« Vais-je réussir dans mon procès ; vais-je
avoir les papiers d'affaires qui me sont nécessaires ? » — L'*as de pique*, signifiant avant
toute chose : *Papiers d'affaires*, la couleur à
adopter est pique.

Et ainsi de suite pour toute autre question ;
rapportez-vous-en à la couleur de la carte qui
mentionne votre demande.

LA CHIROMANCIE

ou

L'ART DE PRÉDIRE L'AVENIR

PAR L'EXPLICATION DES SIGNES

QUI SONT DANS LA MAIN

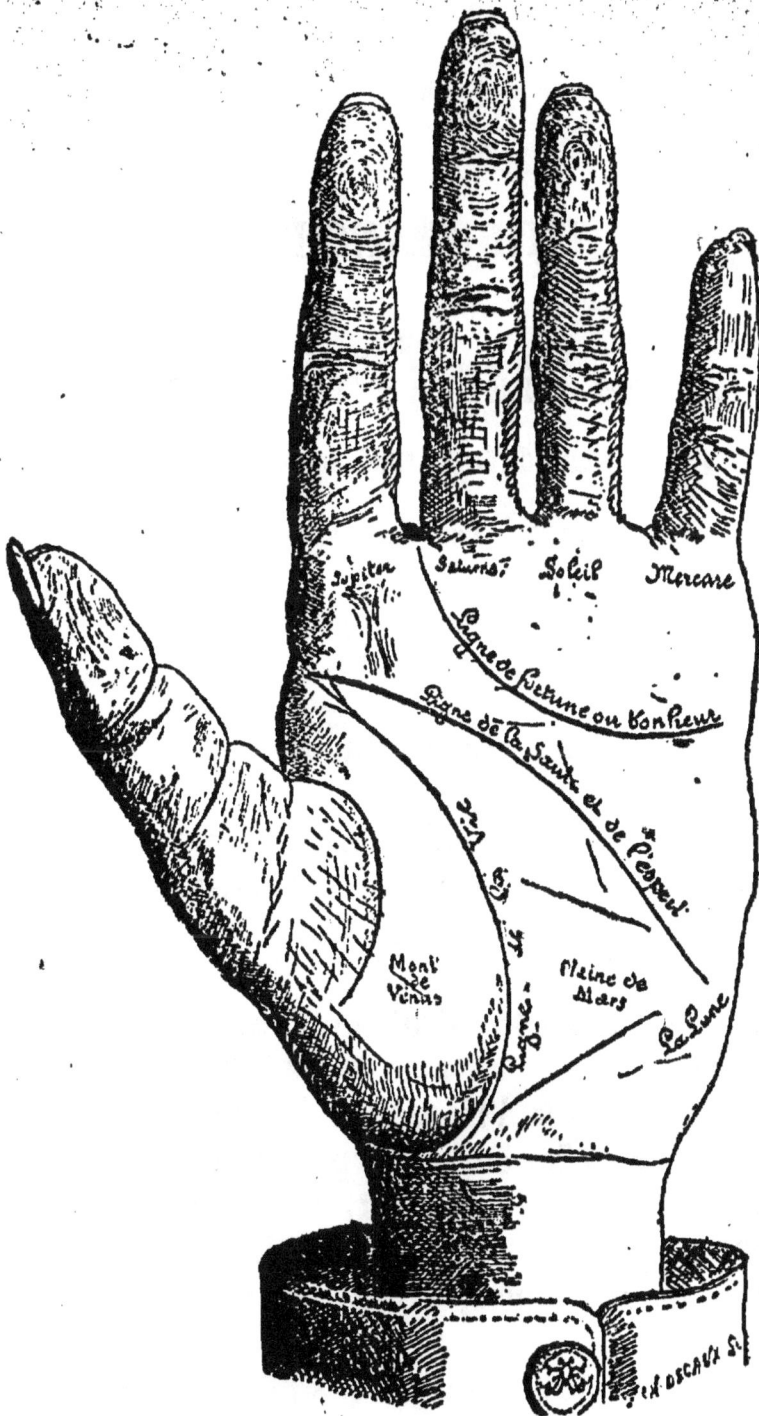

Les lignes de la main.

LA CHIROMANCIE

ou

L'ART DE PRÉDIRE L'AVENIR

PAR L'EXPLICATION DES SIGNES

QUI SONT DANS LA MAIN

———

Le véritable livre du destin de chacun de nous, est dans notre main.

Regardez dix, cent, mille mains différentes ; les mêmes signes s'y trouveront répétés, mais jamais dans le même nombre ou la semblable disposition.

La main est aussi le miroir de l'âme. Toutes nos passions, bonnes ou mauvaises y sont gravées ; il semble que l'image de la conscience humaine a son reflet sur cette partie du corps.

La main, organe du toucher, est le *livre* de nous-même, puisqu'elle contient écrit avec les caractères de ses lignes, l'oracle de notre destinée.

Son étude se fait de deux façons : l'étude *physique* et l'étude *astrologique*.

L'étude *astrologique* examine l'influence des planètes sur les lignes de la main.

L'étude *physique*, se basant sur ces lignes, explique le caractère, les pensées secrètes et la destinée humaine.

L'étude *astrologique*, très vieille méthode des sorciers et envoûteurs, n'a aucune valeur, ne reposant que sur des probabilités; elle est intéressante, curieuse, voilà tout.

Tandis que l'étude *physique* est la vraie, la seule sérieuse, la seule pratiquée par les savants de l'antiquité et plus tard par des hommes tels que Belot, Lavater et enfin par la célèbre Mlle Le Normand.

La main gauche est toujours choisie de préférence, d'abord parce qu'elle est la main *du cœur*, c'est-à-dire la main placée du côté où se trouve notre cœur; ensuite, parce que, en général, c'est elle qui travaille le moins.

N'ayant pas les fatigues de la main droite, elle conserve ses lignes plus pures, plus distinctes.

Nous allons donc démontrer cette étude si belle, si sérieuse, en la simplifiant le plus possible; mais sans *rien omettre*. Nous voulons rendre cette science accessible à tous, en précisant *clairement* les parties principales de cette haute étude.

SIGNIFICATION DES DIFFÉRENTES FORMES DE MAINS.

Une main :

Grosse, ayant les doigts courts : *Petit esprit.*

Grosse, ayant les doigts longs et osseux : *Hon-nêteté*; *main commune des travailleurs.*

Large et grasse : *Paresse.*

Large et courte : *Mauvais sentiments.*

Grasse et courte : *Gens coléreux, violents et courageux.*

Étroite et longue : *Distinction, noblesse, éléva-tion d'esprit, idéalité, bons sentiments.*

Maigre et osseuse : *Avarice, nervosité.*

SIGNIFICATION DES FORMES DES DOIGTS.

Doigts :

Se terminant en fuseau : *Esprit très étendu.*

Rentrant dans la main : *Esprit lent; mauvais naturel.*

Se relevant au-dessus de la main : *Esprit élevé.*

Ayant à leur base comme à leur extrémité la même grosseur (ce que l'on nomme vulgaire-ment *doigts en saucisses*) : *Bonne nature; esprit peu étendu.*

Courts et carrés : *Instincts sanguinaires; intel-ligence très développée.*

Gros à la jointure du milieu : *Idiotisme.*

Gros, longs et pointus : *Bonté, douceur.*

Ronds et gros : *Franchise.*

Extrêmement effilés : *Faiblesse d'esprit, qualités nulles.*

Maigres et crochus : *Ruse, fourberie.*

Flexibles et se courbant en arrière avec facilité : *Esprit élevé, bon cœur, intelligence supérieure.*

Souples et mous : *Paresse.*

Souples et flexibles : *Énergie.*

Maigres et raides : *Robuste santé, esprit sombre.*

Maigres et mous : *Corps frêle, maladif, esprit ombrageux.*

Minces, longs, bien faits, finissant en pointe bien droite : *Génie.*

ASPECT DE LA MAIN. — SES DIVISIONS.

La main a trois parties principales, qui sont : la *rascette* ou *restreinte*, nommée aussi le carpe, espace entre la ligne où commence la main et la ligne qui est à l'extrémité du bras ; en un mot, c'est la partie s'étendant entre la paume de la main et le bras ;

La *paume*, qui fait partie de la voie qui, elle est la partie entourant les doigts ;

Les *doigts*, qui se nomment :

1° *Pollex*, le pouce ;

2° *Index*, l'index ou doigt indicateur ;

3° *Médius*, doigt du milieu (médium) ;

4° *Annularis*, doigt portant l'anneau (annulaire).

5° *Auricularis*, vulgairement nommé petit
doigt (auriculaire).

La main a quinze jointures : deux au pouce,
trois aux autres doigts, une au poignet (la rascette).

Les *monts* ou *montagnes*, sont des tubérosités
charnues ; ces éminences sont au nombre de
sept :

1° *Vénus*, au-dessous du pouce ;

2° *Jupiter*, au-dessous de l'index ;

3° *Saturne*, au-dessous du médium ;

4° *Le Soleil*, au-dessous de l'annulaire ;

5° *Mercure*, au-dessous de l'auriculaire ;

6° *Mars*, au-dessous de Mercure ;

7° *La Lune*, sur l'éminence de la main, au-
dessus de la rascette.

Les lignes de la main sont au nombre de
quatre principales.

Les lignes principales sont :

1° La *ligne de la vie*, la plus importante, qui
commence à l'extrémité supérieure de la main,
entre le pouce et l'index, sous le mont de Jupiter,
et se prolonge au bas de la racine du pouce, con-

tournant le mont de Vénus et se perdant dans la ligne rascette;

2° La *ligne de la santé et de l'esprit* qui part du mont de Jupiter et se termine au-dessus du mont de la Lune, coupant la main en deux;

3° La *ligne de la fortune ou du bonheur* qui commence sous le mont de Mercure et se termine sous le mont de Saturne;

4° La *rascette*, ou *ligne de la jointure*, qui sépare la main du bras, suivie d'une ou de deux autres lignes parallèles.

Les lignes *accidentelles* sont : la ligne de Saturne, montant de la rascette vers le mont de Saturne;

La Voie lactée, allant de la rascette au mont de la Lune;

La ligne du Soleil, ligne peu commune, qui part du milieu de la main et se termine vers le mont du Soleil.

SIGNIFICATION DES QUINZE JOINTURES DES DOIGTS.

Le pouce.

Le pouce a deux jointures.

1° *Si l'inférieure*, celle qui est au-dessus du mont de Vénus, est très creuse et droite, c'est un signe d'impuissance à satisfaire ses passions.

Si le tracé est à peine visible, la personne

consultante restera célibataire ou, si elle est mariée, aura un prompt veuvage.

Si cette ligne est trouée profondément à son extrémité ou si elle porte un creux bien au centre, c'est la certitude de la folie.

Irrégulière, bien marquée, peu profonde et sans hachures la traversant; cette jointure indique le calme absolu de l'esprit et du cœur et la modération dans ses passions.

2° *La jointure supérieure* doit être plus *profonde* sans être *creuse*; étant ainsi, elle a la même signification que la précédente;

Mais si, comme dans les autres doigts, elle a des lignes doubles ou triples, c'est un signe de douceur et de magnanimité.

Si, au contraire, elle est à peine visible, cela suppose un esprit secondaire, une nature douce mais indolente, un caractère aimable, une intelligence bornée, une conscience absolument pure et un tempérament assez faible.

L'index.

L'**Index** a trois jointures : l'inférieure, la médiane et la supérieure.

1° *L'inférieure*. — Cette jointure, placée au-dessus du mont de Jupiter, doit présenter ordinairement une seule ligne oblique de gauche à droite et peu profonde. Cela dénote une santé parfaite, une existence calme, une quiétude absolue.

Une croix sur cette jointure annonce aux hommes une grande faiblesse de tempérament; aux femmes, la stérilité.

La ligne de jointure étant profonde, hérissée de petites lignes adjacentes, dévoile que la mort surprendra dans un long voyage après avoir éprouvé la perte de tous les siens.

La jointure coupée de demi-cercles : certitude d'autant de maladies graves que l'on éprouvera dans le cours de la vie.

2° *La médiane.* — Les lignes de la jointure médiane doivent être doubles ou triples. La ligne inférieure doit être bien droite; sa ou ses supérieures, droites aussi, mais inégales en longueur. Étant ainsi on doit considérer l'augure de cette jointure comme nul, ce qui est préférable; car mieux vaut la nullité d'une chose dans la chiromancie, qu'une prédiction parfois terrible ou tout au moins désagréable, ce qui a lieu au moins sept fois sur dix.

Les lignes de la jointure médiane creuses, mais courtes, sont l'indice de l'entêtement.

Longues, creuses et irrégulières, même signification et, en plus, méchanceté naturelle.

A peine visibles ou sanguines : hypocrisie, mensonge, fausseté, nature vicieuse.

3° *La supérieure.* — La jointure supérieure

de ce doigt, d'une manière générale, ne doit avoir *qu'une seule* ligne, bien nette, bien droite, bien marquée sans être creuse. Ainsi faite, cette jointure est *naturelle*; par conséquent elle ne porte avec elle aucun augure.

Mais si, au contraire (ce qui est très rare), cette jointure a deux ou plusieurs lignes; c'est autant de crimes que commettra l'infortuné qui aura ces marques fatales. On entend par *crime*, non pas seulement le *meurtre*, mais aussi tout ce qui est nommé *crime* en jurisprudence : vol avec effraction, viol, faux, incendie volontaire, inceste, attaque à main armée, trahison militaire, etc.

La ligne étant *unique*, mais irrégulière, très creuse et courte, cela indique infirmités par suite de mauvaise conduite.

Dans toutes les autres formes bizarres qu'elle peut avoir, il n'y a pas lieu d'en tirer un augure; ces formes ne parlent pas; elles sont complètement nulles.

Le médium.

Comme l'index, le **médium** a le même nombre de jointures.

1° *L'inférieure*. — Placée au-dessus du mont de Saturne, la jointure inférieure du médium ne doit avoir qu'une seule ligne, laquelle, de

toutes les inférieures, est la seule qui soit droite.
Elle doit être peu *profonde*, mais cependant assez
marquée et formée par plusieurs *hachures* de
petites lignes supérieures ; ainsi faite, cette jointure est normale.

La ligne de jointure, très creuse, *longue* et
sillonnée d'autres petites lignes adjacentes *très
creuses aussi*, indique que la personne subira le
veuvage autant de fois qu'il y a de petites lignes
adjacentes.

Mais la ligne de jointure très creuse, *courte* et
ayant d'autres petites lignes adjacentes *courtes*,
indique que l'on aura un nombre d'enfants égal
aux petites lignes adjacentes.

Cette même ligne à peine visible : infortune
perpétuelle.

2° *La médiane*. — Si cette jointure est chargée
ed lignes plus ou moins courtes ou longues ; ou
bien encore plus ou moins creuses ou faiblement
marquées ; c'est l'annonce d'un esprit simple,
crédule, faible mais bon.

Cette jointure se compose de deux lignes parfaitement droites et parallèles ; celle de dessus
est plus creuse et plus courte que l'autre.

Si ces lignes de la jointure médiane sont bien
dessinées, très nettes ; c'est l'indice certain d'un
esprit ferme, droit et juste.

Dans tous les autres cas, c'est-à-dire, *quelles
que soient* les variétés *particulières* et *adjacentes*,

la jointure médiane n'a aucune signification particulièrement intéressante à être signalée.

3° *La supérieure.* — Quelles que soient les formes des lignes de ces jointures, elles n'ont nulle signification.

L'annulaire.

L'annulaire est le doigt le plus important comme significations variées des jointures.

Comme l'index et le médium il a trois jointures.

1° *L'inférieure.* — Cette jointure se compose d'une seule ligne oblique, au-dessus du mont du Soleil, partant de droite, côté de l'index; pour se diriger en oblique du côté du médium. Elle est généralement peu profonde et à sa partie supérieure reçoit de nombreuses hachures, toutes très petites, quelquefois à peine distinctes.

Lorsque des lignes confuses touchent la ligne inférieure de la jointure, cela indique que l'on aura beaucoup d'ennemis.

S'il monte de cette ligne vers la ligne médiane des lignes perpendiculaires, c'est l'indice d'autant de déceptions en amour qu'il y a de lignes.

Si les lignes sont horizontales, c'est le signe de la perversité.

Si elles sont obliques, c'est l'étoile (la mauvaise étoile!) de la malechance qui vous poursuivra toujours.

Si elles sont en demi-cercle, votre mariage sera heureux et de longue durée; la mort de votre conjoint précédera la vôtre de peu.

Si elles sont en demi-cercles verticaux, la désunion sera perpétuelle dans votre ménage.

Si la ligne de la première jointure est coupée par plusieurs petites croix, c'est autant de veuvages que vous subirez.

Enfin, si les lignes sont *obliques* et *croisées* au-dessus de la première jointure, vous aurez de bonnes fortunes galantes, marié ou non.

2° *La médiane.* — Cette jointure a deux lignes parallèles, bien accentuées, plus creuses que celles des autres doigts, espacées et se rejoignant, *se fermant* du côté gauche.

Chaque ligne doit être large, sans lignes latérales et non chargée de petits traits capricieux : alors elle est normale.

Trop profondes et courtes; ne tenant pas toute la largeur du doigt; elle annonce un caractère froid, dur et un esprit étroit.

Environnées de petites lignes horizontales, les deux lignes de la jointure médiane signifient : finesse, astuce.

Coupées brusquement par une longue ligne droite qui creuse la phalange verticalement; c'est l'indice de la stupidité, du crétinisme invétéré.

La phalange *inférieure*, entre la jointure inférieure et la médiane, mérite une attention toute particulière, étant la phalange de l'anneau du mariage.

Si l'espace entre la jointure inférieure et la jointure médiane est terne, ridé, rugueux; c'est l'indice d'une existence conjugale malheureuse, de la discorde, de la misère et même de l'inimitié; en un mot, c'est ce que l'on nomme communément : le bagne conjugal.

Si, au contraire, cette surface est plane, exempte de toute ligne et de la plus petite ride; c'est l'assurance du parfait amour conjugal sous toutes ses formes.

3° *La supérieure.* — La jointure supérieure de l'annulaire a deux lignes parallèles; celle de dessous est beaucoup plus creuse que l'autre. Ces lignes doivent être parfaitement droites, surtout celle de dessous.

Si ces lignes sont chargées de petits rameaux, c'est l'indice de la probité et d'un bon naturel.

Profondes toutes deux, inégalement courbées: cela dénote un penchant vers la cruauté, un caractère froid et sévère.

Les lignes étant tortueuses et peu profondes sont d'un très mauvais augure : Plaies sur le corps, mauvais tempérament, sang vicié, pauvreté.

Coupées de croix: oppositions fatales à tous vos projets.

Marquées de trous ronds ou carrés : Richesses, réussite dans tout ce que l'on entreprendra. Chez la femme, chaque trou rond indique autant de filles; les trous carrés des garçons.

Marquées d'étoiles, c'est le signe des honneurs et de la fortune.

A peine visibles : perversité, mauvaises mœurs.

Si des lignes perpendiculaires coupent la jointure, c'est la certitude du célibat ou d'un veuvage prochain.

L'auriculaire.

L'auriculaire, ou petit doigt, a trois jointures.

1° *L'inférieure*, placée au-dessus du mont de Mercure, est longue, peu profonde et très oblique.

De tous les doigts, l'auriculaire est le plus chargé de lignes. Généralement cinq ou six lignes obliques, très courtes, peu profondes, reposent sur la ligne inférieure de l'auriculaire; elles n'ont aucune signification.

La ligne inférieure profonde, courte et non dans le sens oblique est l'indice d'un caractère contrariant; c'est aussi le signe certain caractérisant le menteur;

Coupée de croix : vie de courte durée.

Coupée de lignes horizontales : blessure par le feu.

Ayant sur la phalange des lignes perpendiculaires *reposant* sur la ligne inférieure : santé parfaitement robuste, longue vie : on ne fera qu'une *seule* maladie, la première et la dernière, celle qui vous emportera, mais étant octogénaire.

Une petite croix dans l'angle extrême, à côté de l'annulaire : héritage venant par les femmes.

Coupée par un demi-cercle, perte de la vue dans un âge avancé.

Ayant un triangle de petites lignes au milieu : péril, personne lascive et de faible santé.

Parsemée de points très creux : ingéniosité, honneurs, dignités, fortune.

Ayant une étoile bien marquée : travail toujours rémunérateur.

Coupée par un ou plusieurs X ou V, infirmités, mauvaises mœurs, infortune.

Enfin, si la ligne inférieure a à ses *deux* extrémités un cercle bien distinct, c'est l'assurance de la réussite dans tout ce que l'on entreprendra, la vie exempte de maux et le bonheur parfait.

2° *La médiane.* — Les lignes de la jointure médiane de ce doigt varient depuis deux jusqu'à quatre. Quel que soit leur nombre, il est sans importance prophétique.

Seulement, si elles sont courtes et très creuses c'est un signe précurseur d'abondance, de prospérité et de longue vie.

Si, au contraire, elles sont longues et peu

apparentes chez un homme, c'est l'indication certaine que le mari, de mœurs légères, se séparera de sa femme; pour une femme, c'est le mariage forcé, sans amour et l'envie de quitter son mari. Dans les deux cas, c'est la désunion qui existera dans le ménage.

Coupée par des demi-cercles : Débauche.

Coupée par des lignes perpendiculaires : Contrariétés perpétuelles.

Tortueuses : Ivrognerie.

Semée de points : Profits, héritages nombreux.

Coupée par des triangles : personne capable de voler autrui.

Coupée par une ou plusieurs étoiles : longue vie, bonheur.

Coupée par un quadrangle : morsure venimeuse, mort par suite de morsure.

Enfin, coupée par des X ou des V, infirmités dans un âge très avancé.

3° *La supérieure.* — La jointure supérieure du petit doigt est généralement formée par une seule ligne absolument droite; cependant, il y en a quelquefois deux ou trois.

Lorsqu'il y a plus d'une ligne, chaque ligne en plus représente dix années d'infortune.

Si *cette* ou *ces* lignes sont longues et creuses, elles prédisent la ruine complète *momentanée;* mais plus tard la fortune sourira de nouveau.

La ligne *unique* est un présage de bonheur.

Peu marquée : longue vie exempte de chagrins.

Coupée de petites lignes droites, c'est autant d'enfants qu'il y a de lignes.

Coupée de petites lignes tortueuses : nombreuses maladies.

Parsemée d'étoiles ou de petits cercles ou, encore, de petits points bien marquées : Fortune, succès en amour, tranquillité parfaite du cœur.

La quinzième jointure est la ligne de la Rascette.

Son explication est au chapitre des lignes principales de la main.

LES MONTS OU MONTAGNES.

Le mont de Vénus.

Les petites éminences charnues sur lesquelles reposent les doigts se nomment *monts* ou *montagnes.*

Le premier mont est celui du *pouce*; on le nomme mont de Vénus.

Ce mont très élevé est coupé par des lignes obliques, ces lignes indiquent que la personne est lascive; ses mauvaises mœurs sont d'autant plus grandes qu'il y a de lignes.

Lorsque cette aspérité est exempte de toute

ligne ou signes quelconques entre la base du pouce et la ligne de vie, c'est l'indice d'un cœur aimant avec passion, mais sans déréglements.

Très proéminent mais exempt de tout signe, le mont de Vénus est le signe d'un goût insatiable pour les plaisirs dont cette déesse est l'emblème.

Chez un homme, c'est l'indice de la débauche.

Le mont coupé par de nombreux demi-cercles est un signe d'impureté.

Non proéminent et exempt de tout signe, il est l'emblème de la chasteté.

Parsemé de lignes formant un grillage par leur enchevêtrement, c'est le signe de l'aisance et de la parfaite satisfaction.

Creusé par des rides profondes et en tout sens, c'est la certitude de nombreuses maladies d'épuisement.

Les triangles annoncent : pauvreté causée par les femmes.

Les étoiles : Succès en amour.

Les quadrangles : Personne efféminée et sans énergie.

Les trous ronds ou carrés : Infidélités conjugales.

Des lignes perpendiculaires, très creuses, descendant vers la rascette sont des avertissements de grossesses faciles.

Des lignes transversales au bas du mont, vers

la rascette, annoncent un tempérament langou-
reux, un cœur incapable d'aimer.

Toute ligne tortueuse, ou profondément marquée est l'indice d'un tempérament ardent et
la certitude de maladies contractées par les
abus.

Une ligne chevelue, couvrant la plus grande
partie du mont indique un cœur généreux, aimable, modeste et de grands avantages physiques. Cependant, si la personne n'est point jolie,
ces avantages physiques désignent sa belle cor-
pulence, sa santé inaltérable et son adresse en
toute chose.

Le mont de Jupiter.

Le mont de Jupiter se trouve placé à la racine
de l'index.

Lorsque cette aspérité est proéminente, unie
et sans la plus petite ligne, c'est l'indice du courage, de la force morale et physique, d'un cœur
grand et généreux, des sentiments élevés, de la
noblesse d'esprit, de la vertu en toute chose et
de la parfaite honnêteté.

Ayant la surface *plane* et unie comme ci-dessus, la signification est la même; sauf cependant que le naturel est timide et hésitant en
toutes choses.

Lorsque la surface du mont est creuse, for-

cément elle est ridée; c'est le signe le plus évi-
dent de l'idiotisme; mais chez les vieillards dont
la main est déformée par l'âge ou par les tra-
vaux, on ne doit pas tirer un augure du mont
de Jupiter, étant dans cet état.

Le mont *cerclé* par de petites lignes peu profondes, est l'indice de la timidité.

Chargé de rides venant de la racine de l'index,
c'est le signe de l'inquiétude, d'un esprit toujours trop prompt à se chagriner.

Une femme ayant ainsi le mont de Jupiter,
est assurée d'être malheureuse avec son mari,
d'avoir beaucoup d'enfants et d'en perdre quel-
ques-uns dans leur bas âge.

Les rides en forme de grille attestent un caractère coléreux, rageur; mais la colère cesse
avec autant de facilité et tout d'un coup, comme
elle a été prompte à se déclarer.

Une seule ligne, grosse, profonde et longue,
traversant le mont jusqu'à la ligne de vie, indique que l'on mourra des suites d'une maladie
contagieuse.

Les lignes longues et tortueuses sont autant
de maladies.

Si le mont a un ou plusieurs trous, bien dis-
tancés les uns des autres, c'est l'indice de la sim-
plicité et de l'amour du travail.

Le mont, parsemé d'étoiles ou de petites croix,
annonce: honneurs et dignités.

Des lignes chevelues ou serpenteuses : riches héritages inattendus.

Les mêmes, chez la femme : couches mauvaises.

Les mêmes, chez les vieillards : n'en pas tenir compte.

Des triangles égaux ou inégaux, marquent des enfants illégitimes.

Un *seul* triangle, sur la surface bien plane du mont, *exempt* de toutes autres rides ou lignes, doit faire cesser immédiatement la consultation. C'est le signe favorable par excellence qui détruit, par sa seule présence, les pronostics mauvais que pourraient indiquer les autres signes. Il signifie : Longue vie exempte de maux, amour et bonheur parfaits, fortune, réalisation immédiate de tous les désirs, satisfaction en toutes choses.

Le mont de Saturne.

Placé au-dessous du médium, le mont de Saturne, s'il n'est pas proéminent et *exempt de toute ligne*, ne cesse d'être défavorable.

Coupé par une ligne transversale, profonde ou non, c'est l'indice d'une mort prématurée.

Plat et uni : Faiblesse d'esprit ;

Creux et ridé : Courte existence ;

Proéminent et coupé par des lignes *en grilles*, c'est l'annonce de grandes afflictions ;

11.

Par des lignes chevelues ou en rameaux : grande peine à réussir dans ses entreprises ;

Une ligne, *quelle qu'elle soit*, entre deux points croix ou non : prison préventive; innocence reconnue après une longue captivité.

Coupé par des lignes obliques : mélancolie;

Traversé par des lignes perpendiculaires : péril de la vie, mort par assassinat;

Pour une femme : stérilité, nombreuses intrigues, mort violente.

Le mont ayant un ou plusieurs triangles, petits ou grands; c'est l'indice du suicide.

S'il est émaillé de quadrangles, il signifie : pauvreté, mort par l'anémie.

Tout demi-cercle, tout arc, tout cercle *non fermé*, toute étoile incomplète ou mal dessinée; sont un signe de malheur, de fatalité, de persécutions, de servitude, de mort par suite de privations.

Comme on le voit, le mont de Saturne n'est pas favorable. Un seul signe est moins triste ou plutôt console de la mort :

Lorsque le mont (chose assez rare) est surmonté par trois petites croix, on mourra en défendant une cause politique, les intérêts d'une religion ou sur le champ de bataille.

Le mont du Soleil.

Le mont du Soleil, placé sous la racine de l'annulaire, est plus favorable que son voisin le mont de Saturne.

A très peu d'exceptions près, tous les signes différents qui peuvent s'y rencontrer sont d'un bon augure.

Qu'il soit proéminent ou non, les lignes n'y perdent rien de leur valeur.

Coupé par des lignes verticales, il signifie : loyauté, bon cœur, esprit spirituel.

Par des lignes horizontales : orgueil excessif, espoirs chimériques, projets renversés ;

Par des lignes obliques : caractère généreux, magnanime ;

Par des cercles et demi-cercles : héritages, gain honorable dans ses affaires, heureuse vieillesse exempte de maladies ;

Ayant une ou plusieurs étoiles : esprit élevé, génie particulier, réussite en toute chose ;

Ayant un ou plusieurs triangles : autant d'enfants que de triangles ;

Parsemé de points irréguliers : perversité, mauvais naturel, jalousie, folie des grandeurs ;

Chargé de lignes croisées en formes de grilles : rivalité dans ses amours, affection trompée ;

Petites lignes inclinant vers le mont de

Mercure : gaieté, franchise, talents variés et agréables, bonne humeur continuelle ;

Plusieurs petites croix : trahison conjugale;

Une seule croix : prévoyance, modération dans ses désirs ;

Lignes tortueuses : caractère léger, orgueil mal placé, pédantisme ridicule :

Lignes en bouquet : dévotion outrée, immense fortune ;

Cercles parfaitement fermés : heureuse union, grand nombre d'enfants qui donneront toute sorte de satisfactions ;

Les mêmes signes chez la femme : même signification que ci-dessus, vertu inaltérable, couches toujours heureuses.

Enfin, une ligne quelle qu'elle soit, coupée par des triangles, quadrangles ou étoiles, présage une existence orageuse, tantôt calme, tantôt très agitée.

Le mont de Mercure.

Placé sous l'auriculaire, le mont de Mercure, s'il est proéminent, sans rides, sans lignes, sans signes, est l'augure le plus favorable après celui de Jupiter.

Dans ce cas, il indique un caractère aimable, un esprit fin et élevé, une instruction solide, un bon tempérament.

A la femme, outre ces heureux augures, il
assure les vertus les plus enviées, une heureuse
union, une féconde maternité, une aisance pai-
sible.

Sec, dur, traversé de lignes profondes, le mont
de Mercure dénote une personne avare, méchante, menteuse, jalouse et voleuse.

Les lignes peu apparentes, *quelles qu'elles
soient*, sont des indices de faiblesse d'esprit, de
mauvais tempérament, de mœurs légères.

Très accentuées, courtes et tortueuses : existence de courte durée, maladies continuelles.

Si une ou plusieurs lignes verticales et profondes traversent le mont de Mercure, elles indiquent un homme capable de devenir assassin pour
voler.

Chez une femme, c'est l'indice de la prostitution,
du dévergondage effréné.

Une fourche, un X, un V, signifient : dissen-
sions et querelles dans la vie conjugale.

Une ligne coupant la racine de l'auriculaire
et descendant sur le mont de Mercure, indique
que la personne n'aura jamais d'inclination pour
le mariage, qu'elle ne s'y décidera que par force;
ou, si cette personne consultante est mariée ou
veuve, qu'elle préférera à la vie calme et honnête, les plaisirs faciles et les liaisons passagères.

Une ligne figurant un serpent, désigne l'audaco, la témérité dans les affaires, la ruse et la malice nécessaires pour réussir dans le commerce.

Une croix de Saint-André, profonde, large et haute est le présage d'une mort terrible, honteuse, ayant été ordonnée par la justice.

La figure A ne signifie rien chez un homme ; pour une femme, elle symbolise un esprit agité, hardi et décèle les passions violentes d'un cœur sans cesse meurtri, trompé dans ses affections.

Un grand carré parfait de régularité signifie : changement d'existence par suite d'un veuvage prochain et d'une nouvelle union.

Le mont de Mars.

Le mont de Mars se trouve sur le bord inférieur de la main, endroit où il commence, pour s'étendre dans le creux de la main.

Si le mont de Mars est chargé de lignes grosses et profondes, c'est le présage d'une mort glorieuse sur le champ de bataille.

Pour une femme : malheur en toutes choses.

Si les lignes longues et parallèles sont traversées par de petites lignes, ce qui forme l'image d'une échelle, c'est le signe précurseur de persécutions et d'inimitiés.

Une ligne fourchue indique de grandes peines ;

Une ligne courbe : perversité, esprit faible, manque de discernement ;

Une ligne tortueuse et profonde : mauvais penchants ;

Une ou plusieurs lignes tortueuses, mais à peine visibles : existence heureuse, mais contrariée quelquefois par des chagrins passagers.

Lorsque le mont de Mars est parsemé de petites hachures figurant plus ou moins régulièrement des étoiles ; cela indique que la personne est douce, libérale, fidèle dans ses affections.

Des demi-cercles sont des signes de colère et de mauvais penchants.

Des lignes formant bouquets, rameaux : abondance, parfait bonheur, sécurité dans ses affections.

Les points rouges et apparents sont les précurseurs de malheurs causés par les femmes.

Ce même signe, pour une femme, signifie : caractère fantasque et bizarre, tempérament violent, impudicité, amours faciles.

Les lignes obliques et entrecoupées sont le symbole de nombreuses maladies non dangereuses.

Un rond, assez grand, régulier, bien fermé, très distinct (assez rare dans la main ; mais il s'y est souvent vu), est le signe d'une très longue vitalité et de tous les bonheurs que l'on peut envier sur la terre.

Le mont de la Lune.

Le mont de la Lune est situé vers la rascette, au-dessous du mont de Mars.

Il faut que le mont soit plus élevé vers la rascette que vers la ligne de l'esprit pour assurer au consultant une robuste santé.

Lorsque cet espace est charnu, uni, doux, net de toute ride, il indique un esprit et une conscience tranquilles.

Mais chargé de rides obliques, le mont de la Lune indique au consultant que son tempérament est faible, lymphatique, mélancolique.

Les diversités bizarres de lignes qui se trouvent dans les autres parties de la main ne se rencontrent *jamais* sur le mont de la Lune. A part quelques lignes obliques, rarement horizontales, c'est tout ce que l'on y voit.

SIGNIFICATION DES LIGNES PRINCIPALES.

La ligne de vie.

La première et la plus importante des quatre lignes principales, c'est la *ligne de Vie*, principe de toutes les autres.

Cette ligne commence entre le pouce et l'index et se prolonge en formant un demi-cercle jusqu'à la rascette.

Courte, profonde, large, elle indique une existence de courte durée.

Longue, sans être brusquement amincie, d'égale profondeur, de même largeur à ses extrémités; elle annonce une longue existence, des malheurs et des maladies.

Inégale dans sa largeur, raccordée à certains endroits; la vie sera longue, mais dure, âpre, pénible à supporter.

Rompue brusquement par le milieu, soit pour le passage d'une autre ligne ou par un signe quelconque; c'est l'annonce d'une mort terrible due à un accident qui ne tuera pas sur le coup.

Un signe épouvantable, terrifiant (heureusement fort rare!); est le suivant :

La ligne de Vie, traversée par une ligne *tortueuse*, ayant à chacune de ses extrémités deux triangles, petits ou grands, réguliers ou irréguliers, est l'avertissement certain d'une mort *fictive* : c'est-à-dire, que la personne sera enterrée vivante.

C'est épouvantable, horrible. La chiromancie est plus *brutale* que la cartomancie. La cartomancie *présume* le plus souvent; tandis que la chiromancie *affirme sûrement, précise avec brutalité les choses les plus terrifiantes.*

Si la ligne de Vie est courte, faiblement dessinée, et marquée de points : infirmités.

Marquée d'une étoile : richesse, opulence.

Lignes obliques, légères, l'atteignant ou même
la traversant, venant du mont de Vénus : infirmités dans votre vieillesse.

Une ligne profonde, large et descendant du
mont de Saturne pour venir traverser la ligne
de Vie, doit faire redouter la mort par empoi-
sonnement.

La ligne de Vie, coupée par une ligne tortueuse
et profonde venant du mont de Vénus, assure
des infortunes conjugales et la mort par le suicide.

Coupée par une ligne venant de la rascette :
c'est la certitude que vous ferez une chute
grave. Vous n'en mourrez pas, mais votre orga-
nisme, ébranlé pour la vie, s'en ressentira toujours.

Des lignes en demi-cercles, vis-à-vis l'une de
l'autre, mais *sans toucher* à la ligne de Vie
(c'est-à-dire, les unes dans la plaine de Mars,
les autres sur le mont de Vénus), sont un signe
certain que vous serez protégé ici-bas et que
vous atteindrez sans difficultés aux honneurs et
à la fortune.

La ligne de la santé et de l'esprit.

Cette ligne, appelée aussi *ligne Naturelle*, prend naissance au-dessus du mont de Jupiter et à l'extrémité de la ligne de vie.

Droite, bien dessinée, d'une égale profondeur comme d'une égale largeur, s'étendant jusqu'au bord inférieur de la main, elle indique que le consultant doué de beaucoup d'esprit, de sentiments élevés, est bon, généreux, a bon caractère et ne fait jamais que des actions honnêtes, loyales.

Trop creuse, d'inégale largeur, tortueuse ; cette ligne est l'indice d'un mauvais caractère, d'une humeur désagréable.

A peine marquée, elle dénote l'inconstance, les passions brutales, la colère, l'égoïsme.

Très courte : esprit faible, matérialiste, bonheur passager.

Longue et mince : Esprit fin, élevé, droit, inventif, bonheur parfait et durable.

Une ligne coupant la ligne de Santé et de l'Esprit, en se dirigeant vers le mont du Soleil, signifie chez l'homme : ambition, orgueil, corruption de mœurs.

Chez la femme : goût immodéré pour les plaisirs faciles, coquetterie, infidélité.

Lorsque la ligne dans ses extrémités seulement est large, c'est un signe d'affaiblissement des facultés mentales.

Enfin, lorsque vers le mont de Saturne elle est traversée par une ligne inégale de profondeur et de largeur et se dirigeant du côté de ce mont; c'est le signe de la folie précédant une mort foudroyante.

La ligne de la fortune ou du bonheur.

Partant recourbée vers l'index et placée contre le mont de Saturne, cette ligne d'un seul trait, aussi large que profonde, est un signe heureux qui nous annonce outre le bonheur parfait et les faveurs de la fortune, des facultés mentales peu communes.

Si, au contraire, elle est séparée en plusieurs tronçons *raccordés faiblement*, le bonheur sera éphémère et la fortune, capricieuse, ne sourira pas longtemps; la vieillesse, quoique longue, ne sera pas exempte de chagrins et la misère frappera souvent à la porte du logis.

Les chagrins qui tuent parfois les jeunes semblent, par une amère ironie, épargner les vieillards; ce sont ces chagrins rongeurs qui *tuent à petit feu* que cette fatale ligne annonce.

Lorsqu'elle est courte et qu'elle traverse la paume de la main elle signifie que le consultant est un esprit grossier qui, malgré sa rudesse et son ignorance, se trouvera heureux de son sort dans l'humble condition sociale qu'il occupera.

Traversée par une ligne tortueuse se terminant par plusieurs petites lignes formant bouquet; c'est la certitude d'une existence courte, terminée par une mort subite.

Cette ligne, sanguine naturellement, signifie cruauté, infidélité, fausseté et quelquefois symbolise le penchant vers le meurtre.

Grosse à son commencement mais se terminant très effilée : supériorité sur ses égaux, justice, humanité, dispositions au bien.

Chez la femme, même signification et dispositions fécondes à la génération.

La ligne étant sinueuse dans toute son étendue, conservant toujours sa même largeur, sa même profondeur et ne se terminant qu'au bord de la main, signifie : afflictions de cœur répétées, honnêteté, modeste aisance péniblement gagnée.

Traversée par une ligne inclinée vers le mont du Soleil : santé délabrée, fortune perdue, bonheur évanoui à jamais, misère profonde, longue maladie, mort désirée mais bien lente à venir.

Traversée par une ou plusieurs étoiles : esprit cultivé et recherché par les personnes de haut rang.

Traversée ou entourée de demi cercles bien marqués : satisfaction continuelle, santé robuste et aisance assurée pour les vieux jours.

La Rascette.

La Rascette, ou *Restreinte*, est la ligne ou plutôt l'espace qui sépare la main du bras.

Elle est toujours accompagnée d'une ligne parallèle. Si l'espace entre ces deux lignes est *plat* ou *creux*, c'est le signe d'un tempérament et d'un esprit très faible.

Une belle rascette doit être proéminente, sans être *boursouflée*; elle doit être lisse, douce. Si elle réunit ces qualités la personne sera parfaitement heureuse et jouira d'un bon tempérament, d'un esprit élevé et de capacités sérieuses.

Si la ligne est parsemée de petites croix, c'est un signe de brutalité, de mauvaise nature.

Si, au contraire, elle est ornée de petits cercles ou carrés pris les uns dans les autres comme les maillons d'une chaîne, la vie sera longue ; toute une existence d'honnêteté et de travail assurera de très heureux jours pour une vieillesse qui s'écoulera bien douce dans le calme d'un repos bien mérité.

S'il monte de la rascette une ligne droite qui s'étend jusque dans la plaine de Mars, elle signifie que le consultant, déjà rusé, est sur la pente fatale de la filouterie.

Si la ligne est tortueuse et inégale dans sa largeur, c'est l'indice d'une existence misérable et vagabonde.

S'il monte de la rascette vers le mont de la Lune une ligne oblique, c'est l'indice de la prudence et de la sagesse combinées.

Des angles formés par de très petites lignes sur la rascette indiquent une nombreuse famille issue des trois mariages que contractera le consultant.

Coupée par plusieurs petites lignes, la rascette ainsi divisée indique que l'on subira de mauvais traitements par ses supérieurs.

Une ou plusieurs lignes partant de la rascette pour se diriger vers le mont de Vénus, signifient bonnes fortunes galantes, amour immodéré des plaisirs.

Deux lignes partant du milieu de la rascette et se dirigeant en forme de V, l'une vers le mont de Vénus, l'autre vers celui de la Lune, indiquent que, par l'amour d'une femme, le consultant aura la protection des puissants, ce qui lui permettra d'atteindre à son tour à la fortune et aux honneurs.

La ligne de Saturne. — La Voie lactée.
La ligne du Soleil.

La ligne de Saturne, ligne de la **prospérité,** monte de la rascette vers la plaine de Mars, **se** dirigeant vers le mont de Saturne.

Bien droite, bien marquée elle indique **un** esprit élevé et de nobles sentiments.

Tortueuse, inégale en largeur et en **profondeur,** elle signifie maladie et pauvreté.

La ligne de la Voie lactée part de la **rascette** pour se diriger vers le mont de Mercure.

Droite et bien marquée elle prédit une vie longue et heureuse.

Courbe, irrégulière, à peine visible, elle signifie : affliction, perte de biens.

Traversant la ligne de Fortune et se dirigeant vers le mont du Soleil, la ligne de ce nom, bien longue et bien marquée est un signe très favorable ; il indique que le consultant, auquel l'esprit ne manque pas, grâce à sa persévérance, atteindra aux honneurs et à la fortune justement mérités.

Cette ligne n'existe pas dans toutes les mains.

Sa deuxième signification est : *richesses péni-blement acquises* si, très fine et inégale en lar-geur elle monte tortueusement, capricieuse-ment, vers le mont du Soleil.

.*.

Il est facile à chacun, avec les explications détaillées et complètes que nous venons de don-ner, de lire dans sa propre main et dans celles de ses amis. Les pronostics sont parfois telle-ment effrayants, que je ne saurais trop recom-mander au lecteur, avant de formuler un oracle, de bien se convaincre de la *forme exacte* de la ligne et surtout de celles y correspondant. Il est plus commode, pour éviter la plus petite erreur, de se servir d'une loupe. On distingue mieux les détails, quelquefois très importants, qui échappent facilement à l'œil nu.

FIN

APPENDICE

Collections de cartes et tarots des Bibliothèques nationales de Paris et de Rouen.

Manuscrits de Lorenzo Spirito, traduits d'italien en français par maître Antithus Faure (*Bibliothèque Sainte-Geneviève*, 1446).

Œuvres de Francesco Marcolini da Forli (xvᵉ siècle.)

Collection des papyrus hermétiques.

Manuscrits (non complets) de Court de Gébelin.

Collection particulière de l'auteur sur l'origine des cartes.

Les croyances superstitieuses au moyen âge (Chronique de Nuremberg).

Les cartes illustrant cet ouvrage, sont de la fabrique de J. Müller, à Schaffhouse (Suisse).

Les cartes anciennes des pages 3 et 12, ont été photographiées à la Bibliothèque Nationale de Paris; et la Reine de Cœur (page 12), à la Bibliothèque de Rouen.

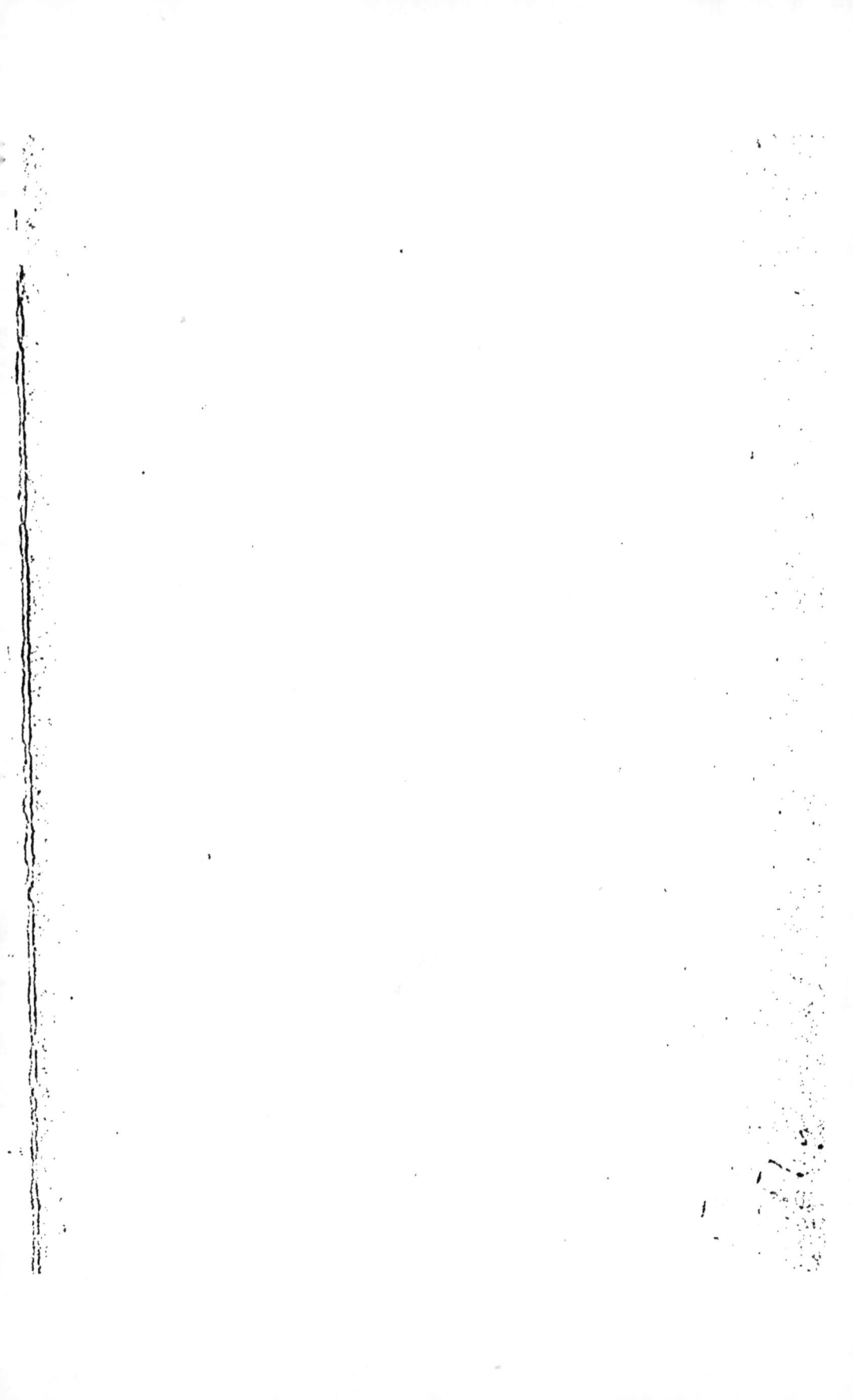

TABLE DES MATIERES

TROISIÈME PARTIE

FIN DE LA TABLE DES MATIÈRES.

(1741-10. — Corbeil. Imprimerie Crété.

www.ingramcontent.com/pod-product-compliance
Lightning Source LLC
Chambersburg PA
CBHW070604100426
42744CB00006B/395